那些神話教會我的人生

從眾神、英雄的故事思索生命難題的意義與解答

THE MYTHIC JOURNEY

The Meaning of Myth as a Guide for Life

LIZ GREENE
麗茲・格林

JULIET SHARMAN-BURKE
著 —— 茱麗葉・沙曼-伯克

譯 —— 陳筱宛

目次

第四部　身分地位與權力……207

作者序

神話是最早的自助心理學。幾個世紀以來，人類運用神話、童話故事和民間傳說解釋生命的奧祕，讓自己比較好受。從四季為何更替，到複雜的人際關係議題，再到死亡之謎。耶穌用寓言故事說明他的教誨，以容易明白的形式向追隨者提出難題。柏拉圖透過簡單的神話與寓言，傳達深奧的哲學概念。在古老的印度醫學中，有心理或情緒困擾的人向醫師諮詢時，醫生會開立一則故事讓病患好好思索，藉以幫助病人找到自己解決問題的辦法。我們線性、因果關係的理性思維，往往會掩蓋生命難題的深層意義與解答。神話具有神奇能力，可容納與溝通似非而是的說法，讓我們看穿難題，直指事情的真正核心。

接下來，我們會探討古希臘羅馬、希伯來、埃及、印度、美洲原住民、毛利、凱爾特與古北歐，以及其他來源的重要神話故事，有些很知名，有些較陌生，但都和生命的不同階段及所有人類都會遭遇的重大挑戰有關。我們不打算遵循大家熟悉的「神話辭典」形式，將一長串的古代神靈與英雄列表，分別給予每一位片段的闡述，而是按照人類生命模式，讓古老的故事穿梭在根本的人類經驗中，從家庭關係開始談起，最後以死亡作為這趟神話之旅的終站。本書的每一部都可以獨立出來單獨閱讀或重讀。不過作為一個整體，本書會帶領讀者踏上旅程，經歷人生的每個重大關卡。

每一部會分別著重特定的生活領域，以及我們人生都會遭遇的具代表性的衝突與趣事。個別的神話故事則是用來說明特殊議題，有正向的，也有負面的，但都跟那個生活領域有關。首先會講述故事，接著會提出心理學概述，幫助我們理解這則神話對我們自身生命的深層意義與應用。

本書的目的，是向你展示神話故事與想像可以為內在衝突帶來解脫，幫助你發現更深入、更豐富、更有意義的人生。神話很重要的一項療癒功能，是讓我們知道自己並不孤單，我們的感受、恐懼、衝突與渴望都不是空前絕後。我們從神話中得知：手足競爭和時間一樣古老。伊底帕斯還好端端地活著，並非只限定在精神分析的長椅上。永恆的三角戀確實恆久遠，打從人類開始懂得書寫就留下了相關紀錄。美貌、才華、權力、財富會帶來各自的苦難。然而在黑暗與孤寂、挫敗與失落中，我們總是能發現光明與新希望。

第一部
人之初

家庭是人生經驗的根本。無論出身高低，我們全都有父母——他們不一定在我們身邊，也不一定對我們很慈愛——而大地之母與天空之父既是世界起源，也是人類誕生的重要神話象徵。我們全都來自某處，無論日後我們把自己打造成什麼樣的人，都無法勾消過往。我們從家庭背景得到的不只是基因遺傳模式，還有心理模式。而我們會變成什麼樣的人，有部分來自我們自己的創造，有部分得自過去留下的成果。面對家庭難題，神話無法提供我們簡單的對策。它們只是如實描繪出家人關係的動態變化，包括歡樂、憂傷和錯綜複雜的情感。然而這些故事當中有股神祕的改造力量。儘管家庭生活那些典型的互動變化是永遠存在的，但也永遠有機會改變與康復——若非外在環境，便是我們內心。

第一章 親子

神話提供各式各樣親子關係的故事。從奧林帕斯山諸神令人發笑的口角鬥嘴，到人間王朝的悲劇命運。人類的想像力總能用在創造父母子女的故事間，透過牢不可破的情感紐帶將我們綁在一起的這道難解之謎當中，找到慰藉與啓示。所有親子的兩難課題都能找到對應的神話故事，所有的衝突解答也都反映在故事中。

泰蒂斯與阿奇里斯：望子成龍，卻帶來無形傷害

第一則家庭神話告訴我們父母對子女的期望有多大。這則希臘神話故事最重要的主題也許是泰蒂斯（Thetis）對兒子的期望——她希望他能成為神。這個故事以悲劇收場，但它對我們無意中要求子女承擔的那些內心期盼、夢想與渴望，有時還讓他們吃盡苦頭，傳達出深刻的見解。

泰蒂斯是偉大的海洋女神，統領海中所有生物。當她來到適婚年紀，眾神之王宙斯（Zeus）接獲預言，說如果泰蒂斯嫁給神，就會生出一個比宙斯更厲害的兒子。宙斯擔心自己地位不保，便將泰蒂斯許配給培里烏斯（Peleus）這名凡人。

這樁異族通婚相當成功，兩人過著美滿的安定生活。只不過培里烏斯有時會憎恨妻子的超自然力量，而泰蒂斯偶爾難免覺得自己嫁得不夠好。

後來泰蒂斯生了兒子，取名為阿奇里斯（Achilles）。因為父親是凡人，所以他是個凡人小孩，注定跟所有凡人一樣，由命運三女神（Fates）決定他能在世上活多久。可是泰蒂斯對這樣的前景感到不滿。永生不死的她不希望看著兒子日漸衰老死亡，自己卻永保

年輕。於是她悄悄帶著新生兒來到冥河（River Styx），這裡的河水能帶來永生不朽的恩賜。她抓住嬰孩的一隻腳後跟，將他整個人浸入冥河中，深信如此一來他就能長生不死。可是她抓住的那隻腳後跟沒有接觸到冥河之水，這個部位也就成了阿奇里斯的要害[1]。

他長大成人，參與特洛伊戰爭（Trojan War）時，一支箭射中這處後腳跟，奪走了他的性命。儘管阿奇里斯成就了非凡榮耀且永遠為後人記得，但泰蒂斯騙不過命運三女神，也無法將人化為神。

故事告訴我們的事

許多父母雖然不至於像泰蒂斯望子成神，卻不自覺地期盼孩子能超凡入聖。我們不冀望自己的孩子長命百歲，只盼他們能比其他孩子更優秀、更俊美、更有天分、更才華橫溢，且獨一無二又特殊，不受人生尋常局限所束縛。沒有哪個孩子能符合那些潛意識的期

1編按：泰蒂斯夜裡將阿奇里斯倒提在冥河中浸泡，要將兒子自他父親培里烏斯遺傳的人的部分清洗淨化。培里烏斯暗中跟蹤，發現兒子被倒浸在冥河，嚇得大叫，妨礙了泰蒂斯的行動，因此來不及洗淨她手握住的那隻腳踝。

望，此外，父母用盡全力創造那個超乎常人的特質時，孩子可能因為自己的平凡人性被忽略而受苦。我們也會期望孩子能設法拯救我們：將我們搞砸的事修復，或是實現我們人生中被否定的夢想。我們犧牲奉獻，希望孩子為我們的生命帶來意義，而不是允許他們過自己的人生。等到他們跟所有人一樣犯錯跌倒，或者沒有對我們的努力表現出足夠的感激，我們就會大發雷霆，對他們深感失望。這一切都能在泰蒂斯與阿奇里斯的這則故事中讀到。

泰蒂斯，這個女神母親希望她的孩子能像自己，成為神，並非像他父親只是個凡人。她也代表面對母職的某種態度。如果一個母親希望完全擁有她的孩子，且不願意或無法與丈夫分享這個孩子的愛，許多問題便會接踵而來。泰蒂斯與培里烏斯的婚姻中有阿奇里斯這個兒子，它描繪的是父母兩方強弱失衡的婚姻。泰蒂斯覺得自己比培里烏斯優越，因而希望孩子的舉止能像她。這是個再常見不過的兩難困境。我們可能會暗地裡想像孩子該成為什麼樣的人，而不願承認雙親都對孩子的誕生有所貢獻。當一段婚姻不幸福或讓人不滿意，就可能發生這種狀況。就像泰蒂斯面對兒子的心態，父親也可能會把自己的女兒理想化，不自覺地極力離間母女，不讓任何外人破壞團結的父女情。（見二十二至二十五頁）

這所有教養子女的兩難，都只是人性的表現，不是有病。不過，雖然神話的主角是神，探討的卻是人性。我們該如何處理過度期望和占有欲呢？既然我們把孩子帶到這世界上，就應該公平公正地與他們進行情感交流。首先，我們必須意識到自己的潛藏感情。假如我們知道自己對孩子期望過大，就算他們未達到我們的期望，我們還是能向他們展現關愛。此外，我們也能鼓勵他們遵循內心與靈魂嚮往的路，而非我們希望自己過去能走上的路。有意識和節制的感情不會摧毀人。無意識的感情往往會導致無意識的行為，可能對孩子造成極大的傷害。沒有哪個父母的人生是完美的，我們全都會對自己的孩子懷有不切實際的希望，這是很自然的人性。不過我們的孩子不是神，他們來這世上也不是為了帶給我們更大的榮耀，或解救我們的人生。宙斯的智慧創造了泰蒂斯與培里烏斯的婚姻，這段姻緣當中存在一個強大的人神混合體形象，矗立在所有人類起源的後方。每個孩子都具備兩者的特質。如果我們能記得這一點，並允許我們的後代表現出他們本該有的樣貌，那麼這則古老的神話就能幫助我們成為更睿智、更寬厚的父母。

希拉與黑腓斯塔斯：陪孩子成長，接受彼此的不完美

希拉（Hera）與黑腓斯塔斯（Hephaistos）[2]的故事是另一則與父母期望有關的例子。在此，對孩子的期望並非永生，而是與奧林帕斯山諸神身分相稱的俊美肉體。這則故事與諸神的許多故事不同，它有個圓滿的結局——黑腓斯塔斯最終因為他的傑出天賦得到認可，在家族中贏得敬重。可是他必須受苦才能掙得這個地位，而那些折磨是不公正的。

宙斯與希拉，眾神之王與眾神之后，早在成婚前便對他們的兒子黑腓斯塔斯抱持過多的熱切想像。遺憾的是，這個孩子生來便帶有缺憾。他的雙腳變形，當他走在諸神之間，踉蹌的腳步和脫位的髖骨總會引來眾神止不住的訕笑。希拉覺得很屈辱，如此美貌高貴的自己竟然生下這麼不完美的孩子，於是從奧林帕斯山把他扔進海裡，而海洋女神泰蒂斯收留了他。

這男孩在水底下躲了九年。但黑腓斯塔斯的巧手和他長相難看的程度相當，他用這段時間為他的海洋仙女朋友製造了一千件別出心裁的物品。他對自己過去所受的對待感到

非常憤怒，因而當他的身心都日益強壯後，籌畫了一場狡猾的報復。有一天，希拉收到一張做工精巧、裝飾華美的黃金寶座——這份禮物來自她不見人影的兒子。她歡歡喜喜地試坐。等她想要站起身，卻突然被看不見的帶子牢牢綁住。眾神想把她從寶座解救出來，卻徒勞無功。唯有黑腓斯塔斯有能力幫她解圍，可是他拒絕從海洋深處出來。他脾氣暴躁的兄弟，戰神阿利斯（Ares）企圖強行將他拉上水面。但黑腓斯塔斯朝他扔擲燃燒的木頭。黑腓斯塔斯的同父異母兄弟，酒神戴奧尼索斯（Dionysus）就比較成功，他把黑腓斯塔斯灌醉，找了頭騾子將黑腓斯塔斯送回奧林帕斯山。

沒想到黑腓斯塔斯仍舊拒絕合作，除非他的要求被滿足。他希望女神中最美的阿芙羅狄特（Aphrodite）能做他的新娘。從那之後，希拉與她的兒子和平共處。後來當希拉被宙斯痛毆時，黑腓斯塔斯甚至忘卻宿怨，冒著生命危險保護母親。被激怒的宙斯抓起兒子的一隻腳，把他扔出天庭。可是黑腓斯塔斯又回到奧林帕斯山，並和父親言歸於好。此後，黑腓斯塔斯總是扮演調解天神間紛爭的角色。

---

2 編按：黑腓斯塔斯是古希臘神話中的火神和匠神，與羅馬神話的Vulcānus（拉丁語）對應。他是奧林帕斯十二主神之一，西方語言中的「火山」一詞源自他的羅馬名字。相傳火山是他為眾神打造諸神器具的工匠爐。他與戰神阿利斯、青春女神赫貝（Hebe）和生產女神艾莉西雅（Eileithyia）同為宙斯與希拉的孩子。

故事告訴我們的事

這則故事述說我們希望孩子成為我們的倒影，而不是保有他們真正的模樣。許多本身外貌出色的父母都希望能生個俊俏的孩子，反映自己引以為傲的榮耀。或是希望孩子承繼自己未能充分開發的天賦，或接下家族事業。無論我們是誰，或想成為什麼樣的人，都希望孩子成為我們的延伸。因此，在我們發現他們真正的價值之前，可能先傷害了他們。

這則故事內容複雜，包含好幾個微妙的主題。沒人愛又不受歡迎的黑腓斯塔斯在海底世界得到眾海神接納，尋得友誼和支持。不受父母重視的孩子多半能幸運地擁有體貼的祖父母、叔伯阿姨或老師，能認可並鼓勵他們發展自己的能力。假如發現受到不當期待的孩子對我們心懷不滿與憤怒，我們不該感到驚訝。黑腓斯塔斯的報復別出心裁，他並不打算毀了自己的母親，而是希望母親能接納他。為了達到這個目的，他騙她受縛。

沒有任何天神能為她鬆綁的這個束縛是什麼呢？雖然希拉一直很嚴厲又冷淡，但她對兒子並非毫無責任感。她並不狠心，只是自負又自我中心，如同人類經常表現的那樣。黑腓斯塔斯讓她想起過去養育他時難以抹滅的虧欠，用人類的話來說，就是所謂的內疚。對子女感到內疚，表示我們內心深處明白，自己該對未能認識孩子的真正個性與價值負起責任。唯有意識到我們怎樣對待自稱摯愛的那些人，進而接納對方，而不硬把自己的期待強加於其身上，我們才能獲釋。

黑腓斯塔斯寬容的性情也告訴我們，愛的力量能克服家人間的衝突與傷害。假如孩子知道父母是在不知不覺間做了那些事，並表現出些許懊悔與理解，他們多半能原諒父母的種種疏忽和明知故犯的舉動。真心認錯對癒合傷口能發揮重大作用。這個故事讓我們明白，童年時期的傷害並非不可挽回。它也鼓勵我們去找出心愛之人的真正價值，即使他們無法實現我們希望他們成為的那種形象。

奧利安與歐諾皮溫：親情不是束縛和占有的藉口

這則不幸的希臘神話，講的是一個父親企圖控制自己的女兒。當追求者出現，想帶走他鍾愛的孩子時，他便出手摧毀對方。它揭露了親子關係中可能存在的陰鬱暗流。儘管日常生活中不太可能遇到這個故事描繪的野蠻情感與極端情況，然而，當我們有意無意地設法控制自己的孩子，必然會因情緒混亂和盲目所苦，而這個故事能提供深入的見解。

獵戶奧利安（Orion）[3]據說是凡間最帥的男子。有一天，他愛上歐諾皮溫（Oenopion）的女兒梅洛比（Merope）。但是歐諾皮溫並非微不足道的凡人，他擁有天神血統，是酒神與狂喜神戴奧尼索斯的兒子。他父親激昂的熱情深深影響了他。

歐諾皮溫答應，只要奧利安能除掉鄉間威脅居民生命安全的可怕野獸，就把女兒許配給他。這對老練的獵戶根本不成問題，奧利安欣然接受這項挑戰。他一完成任務就向歐諾皮溫回報，急著領取他的獎勵。可是歐諾皮溫用山上還潛伏著很多狼、熊、獅為由，拖延這樁婚事。其實，歐諾皮溫無意將女兒嫁出門，因為他早已暗地裡愛上她。

奧利安對這狀況愈來愈失望。他再度仔細搜索山丘，尋找野獸的蹤跡。但歐諾皮溫又一次找理由延宕親事。某天晚上，奧利安喝了歐諾皮溫的美酒喝到爛醉（酒神之子招待的酒確實美味，酒勁也比大多數葡萄酒強），在酩酊大醉時，奧利安闖進梅洛比的閨房強姦她。由於這個暴力行為，歐諾皮溫認為自己報復奧利安是合理的。他猛灌奧利安喝下更多酒，直到這個獵戶醉得不省人事。接著歐諾皮溫挖出奧利安的雙眼，將昏迷不醒又失明的他棄置在海濱。後來，奧利安在天神的協助下恢復了視力，並經歷更多的冒險。但沒人知道可憐的梅洛比後來怎麼了——她遭人強暴、遺棄，還被完全無意讓她成為女人的父親軟禁。

故事告訴我們的事

奧利安的故事不只和這個家庭內部的病態情緒模式有關。父女間健康的愛與情感關係倘若在不自覺間惡化，可能會引來麻煩。父親通常是女兒的初戀，許多父親在女兒身上看

3 編按：古希臘神話中一位年輕英俊的巨人，臂力過人，喜歡整天穿梭在叢林裡打獵，有兩隻忠誠的獵犬緊緊跟隨著他。死後的他化作了獵戶座。

見美麗與青春的迷人形象，展現了他最珍愛的所有浪漫夢想。這很自然，也讓人歡喜，並不帶任何有企圖或噁心的暗示。不過，假如這個父親的婚姻並不美滿，或者他無法接受一段尋常婚姻帶來的回報，而堅持想要一段迷人的「靈魂契合關係」，他就有可能在女兒身上尋求這種完美愛情的幻象。接著他可能會發現自己很難容忍她獨立。你得慷慨大方才能放開心愛的女兒，尤其是讓她投入像奧利安那樣英俊的年輕人的懷抱。奧利安好看的長相與青春的男子氣概難堪地提醒歐諾皮溫他已不再年輕，而他鍾愛的小女孩如今是個女人，需要一個屬於她的、有生育力的年輕男人。這則神話沒有提到梅洛比的母親。這對父女活在他們自己的世界中，這反映出和女兒處得比和妻子更好的許多父親的心理現實。

企圖將女兒變成靈魂伴侶的父親，也許會在不經意間對女兒造成持久的傷害。這可能會透過堅持女兒選擇的伴侶「不夠好」這項歷史悠久的戰術而暴露出來。假如父親為女兒設定了難以達到的理想標準，她怎麼可能離開他，和自己的伴侶愉快地生活呢？愛得愈深，不自覺產生的潛在傷害也就愈大。敬愛、崇拜父親的女兒會聽從他看似「睿智」的建議，把每個有希望的追求者都看成滿是缺點。

歐諾皮溫顯然希望梅洛比有個丈夫，可是這個丈夫必須符合某些標準。你怎能責怪父親期盼自己的孩子擁有最棒的終身伴侶？這個父親透過這種方式拿善意做幌子，遮蓋不自覺的控制。他可以確保永遠不會有人配得上他女兒，並因而證明，無論巧妙地或大剌剌地破壞她可能締結的所有潛在戀愛關係都是合理的，因為他一心為女兒的最大利益著想。由於歐諾皮溫不斷改變遊戲規則，讓奧利安極其憤怒，最終強姦了梅洛比。這讓歐諾皮溫有完美的藉口能除掉那個眼中釘。其實，歐諾皮溫自始至終都沒有打算讓他的寶貝女兒離開，他想把她留在自己身邊。

偉大的詩人紀伯倫（Kahlil Gibran, 1883-1931）曾寫道，我們的孩子藉由我們來到人間，卻不是我們的。然而一個孤獨的父親，也許會認為將女兒視為他獨有的珍寶十分合理。除非長輩允許年輕人自由通行，否則他們的人生無法往前邁進。假如女兒因為父親吃醋而必須在父親與情人之間做出選擇，這會毀了她的幸福，也會使她的戀情出問題。孩子不該被迫做那樣的抉擇，所有人的心都會被嫉妒的脅迫所撕裂。每個父親的手中都握有讓女兒情感圓滿的關鍵，那就是讓她同時享有父親與丈夫的愛。這對每個父親都是艱難的挑戰，但報酬卻非常豐厚。不過，我們可能需要認識並節制自己私下的羨慕與嫉妒。這則神話告訴我們，這種感情很古老，是普遍且典型的人性展現。不過，控制其實跟權力有關，而愛與權力無法共存。

提修斯與希波呂托斯：從「偶像」到「對手」的父子心結

這則希臘神話描述了父親對兒子可能造成危害的嫉妒心。父親害怕兒子的美貌、體力與性能力會取代自己。年長男子擔心新娶的嫩妻會受到自己前一段婚姻生下的兒子吸引而動情，這種典型主題可以在許多故事中找到。可是，這個偉大神話英雄面對的嚴峻困境的獨特之處是：嫉妒蒙蔽了提修斯，讓他看不清事實。少了這種盲目，一段新婚姻並不具備摧毀父子關係的力量。

偉大的英雄提修斯（Theseus）是海神波塞頓（Poseidon）之子，[4]在征服可怕的吃人怪物米諾托（Minotaur）後，成為阿提卡（Attica）的國王。他治理國家公正且明智。可惜他在愛情上並不走運，最後，對自己兒子的嫉妒竟成為他毀滅的原因。他與克里特島（Crete）公主阿麗雅德妮（Ariadne）波瀾萬丈的戀情以淚眼收場。她幫助他殺死米諾托，後來卻被他遺棄。他與亞馬遜族女王希波呂忒（Hippolyta）激情澎湃的愛戀因她死亡而宣告結束，留下希波呂托斯（Hippolytus）這個兒子。最後，他娶了阿麗雅德妮的妹妹斐杜拉（Phaedra）作為第二任妻子。他再婚時，希波呂托斯已是個強壯又英俊的青年，金髮灰眸，比他父親高大且更具國王風範。這名貴族青年致力於馬術，崇拜貞潔的獵手女神阿提密斯（Artemis）。

提修斯的新任嬌妻斐杜拉不久便迷戀上繼子，她找來自己的老奶媽，代她向年輕英俊的王子傳達情意。得到他反感的拒絕後，她上吊自殺，留下遺書指控他強姦了她。妻子的死讓提修斯相信她的指控，加上他暗暗妒忌兒子的美貌與性能力比自己更出色，提修斯將兒子逐出王國，並施行他父親波塞頓教他的死亡咒語。當希波呂托斯駕駛雙輪馬車從雅典出發，奔馳在岩石遍布的海岸路上，海神送來一波巨浪，峰頂載著一頭龐大的海牛，使馬匹倉皇逃竄。這個年輕人的殘破軀體被送回給已得知真相的提修斯，可惜為時已晚。

在這之後，提修斯好運不再。少了能繼承其王國的愛子，他沉湎於海上劫掠，後來因為企圖綁架冥府王后而被囚禁在死者國度，飽受折磨，時間長達四年。等他重回人間，發現雅典已陷入沒有法紀的混亂與暴動中。回到自己的王國後，他前往斯基羅斯島（Skyros）遊覽，不料遭東道主謀害，從一塊高聳岩石上跌入海中。

4 編按：雅典英雄和國王。傳說雅典國王艾格烏斯（Aigeus）在雅典西南的小城特羅曾（Troezen）迎娶了國王的女兒艾特拉（Aithra），也就是提修斯的母親。她在新婚之夜，去了小島Sphairia與海神波塞頓同眠，因此提修斯有兩個父親：海神波塞頓與凡人艾格烏斯。

故事告訴我們的事

日常家庭生活的心理層面可能經常上演這類故事。許多男人習慣了權力與聲譽，將自己的男子氣概與外在成就畫上等號。他可能會覺得老化是一種屈辱，害怕力量——權勢、性能力或兩者皆有——不足，會降低他在自己和他人眼中的價值。正要展開人生旅程的兒子——充滿陽剛之氣、前途大好、可能會比他父親更有成就——或許會引發極其惡毒的嫉妒，就算彼此十分關愛對方亦然。假如父親沒有意識到這個狀況，他可能會無心地「詛咒」自己兒子。他可能會變得退縮或過度吹毛求疵，不滿妻兒之間的親子關係。他可能會摧毀孩子的夢想與志向，不自覺地想方設法破壞那個年輕人的信心，藉以保持自己大權在握的感覺。

這種無意識的嫉妒，對孩子的影響可能是場大災難。年輕人努力反抗父親隱藏的敵意時也許會發現，無論在學校、職場、私生活中，自己都不斷地失敗。因為他內心深處覺得自己必須按照父親的期望行事，因而不敢讓他父親從權威的寶座退位。他必須變成父親不自覺期望他成為的失敗者，即使父親在意識層面期盼並鼓勵兒子獲得成功。這樣的兒子也會發現自己一直捲入與當權者的齟齬，最終表現出父親不知不覺投射到他身上的所有軟弱與困惑——父親這麼做，是為了避免自己老化過程中難免發生的軟弱與困惑。

這樣的模式絕不罕見。它並不邪惡，只是符合人性。對任何父親來說，大方接受兒子超越自己是一大挑戰，更別提有風度地接受時光的流逝，與這世界多麼不公平地偏愛年輕人。此外，接受自己妻兒間的親子關係是合乎情理且值得支持的，而非對自己的安全感是個威脅，也是一大挑戰。這需要徹底放手並相信生命，假如能做到，就可以為每個兒子提供他需要從父親那兒得到的支持與鼓勵。它也可以為父親的內心帶來深度平靜與內在力量，因為承認他已盡己所能發揮年輕時的潛力，能讓他對尚未實現的種種釋懷，接著懷抱創造力與希望，邁入人生的下一個階段。

奧賽利斯、依西斯與霍魯斯：孩子，你是希望的化身

這則來自古埃及的故事告訴我們：孩子是希望與更新的化身，帶給我們克服障礙的勇氣，最終獲得和平與滿足。某些學者將奧賽利斯（Osiris）[5]、依西斯（Isis）與霍魯斯（Horus）比作基督宗教的三位一體，因為神的孩子扭轉苦難，擊敗邪惡。從心理學來看，這個神的家庭能告訴我們很多有關希望與意義的感受，那是我們從自己的孩子身上可以體會到的。

奧賽利斯是大地之父與天空之母的第一個孩子。這位年輕的神相貌俊秀，身材遠比人類高大。他娶自己的妹妹，月之女神依西斯為妻。他們聯手教導埃及人民如何精心打造農用器具及製作麵包、葡萄酒與啤酒。依西斯教婦女磨玉米、紡麻紗和織布。奧賽利斯建造第一批神殿、雕刻第一批神聖圖像，藉此教導人類關於神的種種。眾人稱他為「好神」，因為他反對暴力，光靠溫和就能讓他的心意為人知悉。但不久之後，奧賽利斯成了他邪惡弟弟塞特（Set）陰謀的受害者，對方覬覦他的權勢。塞特個性粗暴又瘋狂。相傳他未足月便扯破母親的子宮，來到人世，他決心取代奧賽利斯，統治這世界。他邀請奧賽利斯參

加一場盛宴，隨即殺害兄長，並將屍體鎖在一只錢櫃，隨後把它扔進尼羅河。

依西斯聽到奧賽利斯被殺的消息悲痛欲絕。她剪掉頭髮，撕破袍服，馬上出發去尋找那個錢櫃。它被沖進海洋，跨越波濤，漂到比布洛斯（Byblos），停在一棵檉柳樹下。這棵樹以驚人的速度成長，其樹幹將這只箱櫥完全包藏其中。同一時間，比布洛斯的君王令人砍伐此樹，作為宮殿屋頂的支柱。這棵不可思議的大樹被砍倒後，散發出非常高雅的香味。此事傳進依西斯耳裡，她立刻明白其中的特殊含意。她毫不延誤，立刻動身前往比布洛斯，從樹幹取出錢櫃，帶回埃及。可是塞特對這一切瞭若指掌，在一處沼澤找到依西斯藏匿的錢櫃，打開它，將他哥哥的屍體肢解成十四塊，棄於各地。

依西斯沒有因此灰心。她四處搜尋丈夫的珍貴屍塊，除了陽具被一隻尼羅河螃蟹吞了，其餘全找著了。一位法力無邊的女神將所有碎塊連接起來，並用黏土造了一根新的陽具，使奧賽利斯的軀體回復完整。接著她執行神化儀式[6]，這能讓被殺害的神恢復永生。在奧賽利斯沉睡、等待重生之際，依西斯躺在他身旁，生下神子霍魯斯。他出生時被比作

5編按：埃及神話中的國王神和死神。與塞特、妮芙提絲（Naphtys）、依西斯同為大地之父與天空之母所生，並與依西斯結為夫妻。

6譯注：rites of embalmment，將屍體製成木乃伊的儀式。

獵鷹，雙眼煥發著太陽與月亮的光芒。

奧賽利斯復活了。從那時起，他不再受到死亡威脅，可以拿回對這世界的統治權。然而，他在塵世經歷過的邪惡力量讓他傷心難受，因而寧可待在冥界迎接義人的靈魂並統治亡者。

至於替父親報仇，為殺害與肢解他的野蠻行動雪恨，這件事就留給奧賽利斯的兒子霍魯斯。霍魯斯在與世隔絕的環境中成長，因為他母親害怕塞特又陰謀不軌。他自幼體弱，總是靠著母親的魔法逃過威脅他的危險。他被野獸咬傷、被蠍子刺傷、燒傷、飽受腹痛之苦，這一切全都是塞特搞的鬼。然而，儘管吃苦受難，他卻日益強壯，而奧賽利斯也不時出現指導他使用武器，他很快就能向塞特開戰，取回繼承權並為父親復仇。

霍魯斯成年後，發動了一場漫長的戰爭，最後成功毀滅許多仇敵。但是單憑武力無法擊敗塞特，因為他太狡猾了。為了終結無止境的戰爭殺戮，諸神召開了一個特別法庭，傳喚兩造出庭。塞特極力主張霍魯斯是私生子，因為奧賽利斯被殺後，依西斯才懷了霍魯斯。可是霍魯斯成功地確立了自己出身的合法性。眾神譴責篡位者，恢復霍魯斯的繼承權，宣告他才是埃及的統治者。

霍魯斯安穩地統治天堂與人間，和他的父母一起廣受世人崇拜。他經常趁公餘之暇前往地府探望父親，引導亡者來到「好神」面前，並掌管靈魂的稱量。

故事告訴我們的事

孩子無法使父母的生命獲得改善。但是，兒童具有讓人對未來心懷盼望，相信人性本善與純真的特性，能使沉悶或無意義的人生感到有價值，並賦予過去的痛苦某些意義。奧賽利斯、依西斯與霍魯斯的神話，展現了我們設法創造「家人」這件事的最深層核心。它不僅僅是為了物種生命的延續，也是因為孩子的誕生預示著嶄新的開始，以及過往傷痛會消解的可能性。我們企圖從後代身上尋求的，是精神與肉體並重的連續綿延。

奧賽利斯的家庭很典型，因此能反映出存在於每個家庭的模式。依西斯的奉獻是個重要的主題。儘管塞特沿途設下重重阻礙，她仍舊決心找到並修復丈夫被故意破壞的軀體。這種絕對忠誠的特質，是這則故事展現的救贖特徵之一，它在日常生活中也許可表達為：就算面對失敗與表面上的世俗挫敗，某人也願意支持自己的伴侶。當伴侶失業、經歷憂鬱或生病的困頓，若身為妻子或丈夫的人仍不離不棄、溫言鼓勵，就可能在她或他身上看見依西斯的奉獻精神。我們可以透過這樣人性的方式，體會這則神話想表達更深層的救贖的原形。

故事的另一個重要元素是，在情況最糟的時刻懷了霍魯斯。依西斯在奧賽利斯沉睡、等待復活的時候懷了這個孩子。這在尋常的家庭生活中可能意味著什麼呢？也許它說明了什麼時候我們會最想要生小孩，因為孩子通常能在情勢最為困頓時帶來希望。鼓勵我們開創家庭的原因，並不總是世俗的成功與滿足。有時候，人生的艱苦奮鬥會讓我們設法在未來保有立足之地，並建構出生存的目的。

霍魯斯的童年時期常朝不保夕，他在羽翼已成之前歷盡了滄桑。這也告訴我們某種人生模式，我們最強、最有創造力的行動往往起於脆弱、易受傷的點。依西斯設法保護兒子不受塞特的傷害，正如我們需要保護自己幼弱的孩子，我們也必須小心呵護自己內心最脆弱、未成熟的想法，如此它才有機會開花結果。奧賽利斯已不想待在地面上繼續奮鬥，而霍魯斯明白，他必須解除父親承受的折磨。在人生的某個時刻，我們得信任孩子，放手讓他們去應付未來。因為隨著年紀漸長，我們可能不再有力氣或勇氣與人生周旋。在此，我們可以看見與其他神話故事雷同之處，比如提修斯對希波呂托斯的嫉妒（見二十六至二十九頁）反映出他沒辦法信任自己兒子掌權，輪到兒子當家作主。另一方面，奧賽利斯則成功地應對了這項挑戰。

這項衝突的解決並不是由於哪一方戰勝，而是眾神一致決定霍魯斯應該拿回自己的繼承權。最後我們也可能必須讓人生完成我們未竟之事，相信上帝或靈魂深處會實現我們想成就的事。假如我們追求的事符合公平與正義，如同霍魯斯一樣，雖然邪惡也許無法永遠絕跡，卻也無力摧毀良善。在家庭中，相信時間與內心正直會帶來最終的平衡與寧靜，可以幫助我們接受無法改變的情境，原諒傷害我們的那些人，保持我們對未來的信念。

疤面的故事：祖孫情深

本章最後一則故事，來自北美平原的黑足部落（Blackfoot tribe）。它告訴我們療癒家人之愛的力量能跳過一個世代，從祖父傳給孫子，拯救父子對彼此的折磨，並將過去的智慧提供給後代子孫所用。

從前從前，晨星（Morning Star）從天上俯瞰人間，注意到地上的黑足部落有個絕世美女索莎琪（Soatsaki）。他對她一見鍾情，娶她為妻後將她帶回天上，與他的雙親太陽（Sun）和月亮（Moon）同住。索莎琪後來為他生了個兒子，取名為小星星（Little Star）。

索莎琪的婆婆月亮很疼愛這個年輕女子，可是她警告索莎琪千萬不要挖出種在他們住處附近的神奇蕪菁。但索莎琪無法控制自己的好奇心，她拔起那株禁忌的蕪菁，結果發現她可以透過那個洞看見地上的狀況。看見黑足部落的房舍後，她頓時覺得很想家，她的心無比悲傷。為了懲罰她不聽話，她的公公將她和兒子小星星趕出天堂，放逐到地上，身上只裹著麋鹿皮。等到這可憐的女子發現她與摯愛的丈夫得從此分離，很快就香消玉殞，留下她兒子孤單無依，一貧如洗。

這個孩子的臉上有道疤，所以被起了個「疤面」（Poia）的綽號。他長大成人後，愛上部落首領的女兒，但對方因為那道疤拒絕了他。絕望之下，他決心出發去尋找他的祖父太陽，相信祖父肯定有能力除去破相。疤面動身朝西走。當他抵達太平洋，他停下腳步，在禁食和禱告中度過了三天。到了第四天早晨，一條明亮的小徑從他面前展開，橫越洋面。疤面大膽地踏上這條不可思議的道路。當他抵達太陽在天上的住處，他看見父親晨星正與七隻巨大而醜陋的怪鳥搏鬥。他急忙上前救援，殺了怪物。為了獎勵他，他的祖父太陽替他消除了那道疤，教他如何進行日舞儀式，給他一件用渡鴉羽毛製成的禮物，證明他和太陽有血緣關係。還給他一支魔笛，能讓他贏得鍾愛女子的心。疤面從另一條叫做銀河的路回到地上。他教導黑足部落日舞儀式的奧祕，並在迎娶首領女兒後，帶她回到天上，與父親晨星及祖父母太陽與月亮同住。

故事告訴我們的事

這則迷人故事的男主角叫做疤面。的確，雙親的婚姻問題導致兩方分居、感情疏遠。由此而來的心理傷害，讓許多孩子受了罪。此處衝突的起因，是疤面的母親索莎琪受不了她嫁入的天神家庭立下的規矩。由於一個反抗舉動，她受到懲罰，不得不和丈夫分離，連帶使得疤面也與父親生別離。

這樣的情景並不罕見，當某人嫁入一個很封閉的家庭卻無法適應，往往會在情感上，有時甚至是實際上被逐出家門。它通常發生在所謂「異族（教）通婚」（mixed marriages）中，特定的經濟、宗教或種族背景會形成一個很有影響力的複雜體系，「外人」往往無法融入其中。而承受精神創傷的，多是孩子。

但是太陽與月亮的孫子疤面拒絕接受這樣的命運。他知道祖父能治好他的破相，便要求進入祖父的王國。這告訴我們，在心理層面上，祖父母的關愛往往能化解父母婚姻不幸福造成的傷害。疤面必須證明自己——他殺死凶猛的巨鳥，保護父親晨星的性命——就算我們覺得疏遠的親人應該為雙方不和負起責任，有時我們還是需要主動鼓起勇氣與熱情去接近對方。因為疤面願意拿自尊當賭注，嘗試這麼做，於是得到非常大的回報。他不只消除了臉上的傷疤，還將太陽的智慧帶給他妻子的族人，讓它在凡人間傳播開來，將他祖先賜予的福氣傳給後代子孫。

這則神話隱含了一個深刻的訊息，講的是願意吞下驕傲，為重續因他人錯誤所受損的人際關係而努力。孩子與祖父母的關係疏遠，往往肇因於雙親感情不睦，或父母與祖父母間的衝突。無論因為時間、距離，或者儘管有衝突，但內心深處仍留有一絲愛意。只要孩子願意彌合過去的分歧——疤面跨越那座神奇橋樑，前往祖父的王國——就可能使家人和好，創造出能將過去的智慧傳遞給未來世代的管道。

第二章　手足

兄弟姊妹間的關係可能和親子關係同樣強大、錯綜複雜且容易變形。我們在手足身上看見自己不為人知的那一面，而我們對他們懷有的愛意與反感反映出許多事，尤其是我們如何理解自己內心深處罕為人知的面向。心理學對手足競爭（sibling rivalry）有很多探討，但是神話早就說明了一切。這些神話也指出手足之愛的療癒與救贖力量。

該隱與亞伯：你偏心嗎？

這則《舊約聖經》故事人盡皆知，但也許我們對於父母如何成為子女間衝突的根源想得不夠周詳。該隱（Cain）與亞伯（Abel）的故事跟手足競爭有關——發生在兄弟姊妹間的嫉妒與競爭。手足競爭和太陽升起一樣自然且無可避免，也一樣古老。少許可以推動健康的自我發展，過多則會在家人間造成痛苦並引來毀滅行為。

亞當（Adam）和夏娃（Eve）有兩個兒子。小兒子亞伯是牧羊人，長子該隱在田裡耕作。有一次，兩個人同時向耶和華獻上供物。該隱拿出部分收成為供物，亞伯也將羊群中最出色最肥美的羊隻獻上。耶和華對亞伯的奉獻物很滿意，卻不中意該隱的供物。該隱認為這樣的偏袒沒有道理，因而對耶和華與自己的弟弟感到憤憤不平。

耶和華感受到該隱的怒氣，對他說：「你生什麼氣？如果努力，你就會成功。如果不努力，錯在你自己。」

可是這些話並沒有讓該隱覺得寬慰。憤怒在他內心不斷滋長。然而，對耶和華發怒並不聽明，他於是將矛頭轉向弟弟。他尾隨亞伯走進田間，動手攻擊，把亞伯殺了。

耶和華問他，「該隱，你弟弟在哪？」

該隱回答說：「我哪知道。我又不是他的監護人。」

耶和華當然知道發生了什麼事。他對該隱說：「你為什麼會做出這麼可怕的事呢？你弟弟的血從地裡向我哀告，像是要求復仇雪恨。你必受詛咒；你再也無法耕作這塊地，因為它吸收了你弟弟的血。當你殺害弟弟，這地彷彿開了口，接受他的血。就算你想栽種作物，也長不出任何東西。此後你必流離飄蕩在地上。」

但該隱對耶和華說：「我無法承受這樣的刑罰。你趕逐我離開這地，以致不見你面。我受到驅逐，凡遇見我的必殺我。」

然而耶和華說：「不會的。凡殺該隱的，必遭報七倍。」接著耶和華在該隱的前額立一個記號，免得人遇見他就殺他。於是該隱離開耶和華的面，去住在伊甸東邊一處名為挪得（Nod，意指流離飄蕩）的地方。

故事告訴我們的事

虔誠的宗教信仰者可能不會質疑這則故事的道德觀是否值得商榷。可是如果仔細思索這個故事，我們可能也會納悶：該隱展現了同等的奉獻之心，為什麼耶和華卻偏愛亞伯呢？事實上，神的審判沒有公平可言。兄弟兩都將自己生產的最棒物事當作供物，該隱的職業是耕田種地，無法獻上羊隻。在此，我們可以窺見某種極為常見的家庭動態關係：父親或母親若偏愛某個孩子，手足競爭就會爆發。該隱看不出自己被耶和華冷落的理由，因此客觀來看，他的憤怒是有道理的。然而就像孩子無法將憤怒發洩在強勢的父親或母親身上，該隱無法將自己的怒氣直接發洩在耶和華身上。向神展現憤怒可能會導致自身遭受殲滅。孩子對父母懷有某種深刻且典型的恐懼，那未必是父母的作為所致，而是因為在孩子心中，母親與父親是如神一般的人物，擁有決定生死的力量。

所以，該隱的盛怒指向了自己的弟弟。當我們害怕對自己所愛或恐懼的人表現出憤怒時，結果通常就是如此，怒氣會被轉移到看似贏得父母所有關愛的手足身上。雖然大多時候會引發某種冷暴力，像是漠視與懷恨。但有時更可能造成肢體暴力，即使在「正常」家庭也不例外。追根究柢，這個故事的關鍵並非兄弟鬩牆，而是神根據個人品味展現出的偏袒。耶和華顯然中意綿羊勝過玉米，因此，被冷落的是該隱，不是亞伯。吃素的人可能會很質疑這個偏好！當我們查看家庭動態時，偏心的原因就在於父親或母親自己的價值觀。喜愛運動勝過藝術創作的父親，可能會比較疼愛擅長運動的兒子，而非有音樂才華的兒子。注重外表的母親，可能會偏愛長相漂亮的女兒，勝過勤奮好學但相貌普通的女兒。人生就像家庭一樣，它並不公平。

在這則故事中，事情並沒有得到解決。該隱被逐出家門，四處漂泊。然而，耶和華饒恕他。或許神覺得有點內疚，因為這場兄弟之爭的根源正是他。在家庭生活中，這類衝突則可能有解，但只會發生在交戰的手足願意坦懷相待，彼此討論真正的傷害何在，且受傷或被冷落的一方，能坦率地承認自己對父母不適當的憤怒。其中責任最重大的，是行事明顯不公平也不合理，沒有好好內省的父母，就像故事中的耶和華。神也許有權做出那樣的行為，但為人父母的無權這麼做。該隱與亞伯的故事反映的手足競爭，並非來自兄弟姊妹間與生俱來的反感，而是由家庭本身的複雜動態關係所產生。如果我們能在感情上大方坦誠地看清事情核心，也許就能從我們自己與孩子的眉宇間徹底根除該隱的記號。

阿利斯與黑腓斯塔斯：愛上同一個她

這則希臘神話描繪兩兄弟爭奪同一名女子，以及這場較勁背後的原因其實來自父母的干預。阿利斯與黑腓斯塔斯的對抗之所以爆發，並不是因為兩人天生注定要討厭彼此，而是由於他們的雙親拿兩兄弟作為比賽的棋子。用心理學的術語來說，可以稱這場比賽為「有條件的愛」（conditional love）——這對父母允諾，如果孩子做了一件特別的事或表現出某種特性，他們就會愛他。

阿利斯與黑腓斯塔斯都是天神宙斯與天后希拉的孩子。我們已經看過黑腓斯塔斯充滿艱辛的幼年，以及他最終與父母和解的故事（見十八至二十一頁）。雖然這裡要說的故事版本略有不同，仍舊會看到許多類似的主題出現。

阿利斯的童年與他兄弟的完全不同。他出生時，一道充滿希望的光照耀在奧林帕斯山上。阿利斯不像黑腓斯塔斯，他的體格完美無缺。父親煥發的英姿與母親壯麗的威嚴在他的容貌留下美的記號，並為他雄偉的肢體注入力量。

希拉問宙斯，他打算給這個英俊的兒子什麼禮物作為家族繼承物（birthright）呢？可是宙斯已經送出太陽和月亮、海洋與冥府，他實在想不到能給希拉如此疼愛的孩子什麼東西。後來因為妻子時常拿這件事煩他，他只好差遣自己的信差赫美斯（Hermes）上天下地，四處搜尋合適的禮物。可是赫美斯（他也是宙斯的兒子）並不喜歡這個同父異母的弟弟。在他看來，這個新神雖然長相俊俏，但腦子不靈光，又粗魯無禮。大嗓門與拳打腳踢似乎是他的天賦。半是忠於宙斯所託，半是想惡作劇，最後他將剛從海中升起的阿芙羅狄特這個迷人的愛神暨欲望女神帶回奧林帕斯山。她的美貌與優雅和這名新成員十分相稱，而她興風作浪、生事造亂的嗜好也同樣適合他——雖然起初只有赫美斯明白這一點。

赫美斯在阿利斯的慶生宴上將美麗的阿芙羅狄特介紹給這名年幼的神，即使是個孩子，但他赤裸的欲望卻毫不含蓄地產生明顯的反應。在同一時刻，希拉突然注意到她的長子黑腓斯塔斯。過去他一直住在海面下，那是屬於海洋女神泰蒂斯的王國。話說泰蒂斯別著一只精巧高雅的胸針前來赴宴，希拉很想擁有它，便要求與它的創作者會面。泰蒂斯帶著幾分不情願，召喚黑腓斯塔斯前來奧林帕斯山。打從黑腓斯塔斯被扔出天庭後，這是母子首次面對面。希拉很想要黑腓斯塔斯獨力創作的珍寶，於是她邀請他留在奧林帕斯山。接著他被問到想要什麼禮物，好用來慶祝受傷的孩子與思慮不周的母親間遲來的團聚。

黑腓斯塔斯想不出有什麼是自己無法動手做的。此時，他看見赫美斯從海洋帶回來給阿利斯的禮物，他立刻知道自己想要什麼。他要求阿芙羅狄特做他的新娘。儘管宙斯起初反對這不匹配的安排，但希拉不理會他的意見，她對英俊的戰神阿利斯的注意力已轉移到能製造如此美麗事物的跛足工藝之神身上。因此，黑腓斯塔斯獲准得到阿芙羅狄特作為禮物，而他弟弟阿利斯的期望落空，只能滿懷惱怒怨恨，蹲在地上悲號。

宙斯盯著這個帥氣的孩子瞧，因為受傷和失望，他的心變得像他哥哥的身體那樣畸形。宙斯突然覺得很厭惡，大喊道：「憎恨！衝突！暴力！那就是你繼承的事物！難道你還適合別的東西嗎？」邊說邊走出天庭。這時，狡猾的赫美斯過來安慰這個怒火中燒的孩子，阿利斯突然大聲咆哮說想要大地作為他的家族繼承物。赫美斯耐心地解釋大地不是任何神的所有物，它屬於它自己。但是阿利斯無法忍受又一次的失望。這個年輕的戰神在斯提克斯河畔起誓，如果有人得到大地，他會劃破對方的皮膚，咬斷那人的喉嚨，將他們碎屍萬段。赫美斯聽了這番話，心中不禁納悶：有一天，大地將會屬於誰嗎？在諸神統治的這個拂曉時刻，人類尚未被創造出來。

故事告訴我們的事

希拉為她新生的帥兒子討禮物，因為她很自豪他長得如此俊美，但這跟孩子自己的需求毫無關係。驅策她這麼做的是自負，而不是愛。宙斯對選擇禮物的責任敷衍了事——有多少忙碌的家長過度專注於自己關切的事務，請別人代為挑選孩子的生日禮物，或是因為自己沒有時間出席學校話劇演出而派人代為出席？當希拉發現黑腓斯塔斯擁有的天分能讓她更美，還能打動他人，他忽然就成了她的心頭肉，曾經備受憐愛的阿利斯則立刻被冷落。接著，兩兄弟發現他們是勢不兩立的競爭對手，受到羞辱的那一個因而誓言向這世界復仇。這有什麼奇怪的嗎？

這則神話中最引人注目的主題是，宙斯與希拉對兩個兒子展現的無情冷漠。阿利斯也許魯莽衝動又任性，可是他也有值得引以為榮的正向特質，比如堅強、勇氣、活力。假如能給他適合其天性的禮物，並關心疼愛他，他可能會變得完全不同。這些奧林帕斯山的家長不把自己的孩子當人看，反而更關心這些孩子能為他們做些什麼。可惜，這種冷漠在許多家庭裡並不罕見，儘管也許不像這裡展現的那樣殘酷，它通常是出於下意識，而非有意傷人。拿孩子為父親或母親帶來的「好處」交換愛也是很常見的主題。不幸的是，許多本性良善的父母因早年飽嚐失望而受傷，他們希望孩子能大顯身手，如此一來，他們才能沾光。那沒有說出口的訊息是，「如果你成為我希望的那種人，我會最愛你！」

但是有條件的愛所引發的焦慮，對任何孩子都是難以容忍的。縱使有些孩子能表現出色，取悅他們的父母，但其他孩子也許有點像阿利斯，他們不夠聰明或缺乏特殊才華，無法滿足父母的期望。他們因此感到羞辱與憤怒，隨後更將這股怒氣發洩在其他人身上，因為他們內心深處覺得自己很無能。他們學會將自我價值和取悅他人畫上等號，還可能花一輩子的時間不斷嘗試成為他人想要的模樣。無論黑腓斯塔斯願不願意，都必須持續製作美麗的物品，因為一旦住手，他就會失去母親的愛。

阿芙羅狄特是愛神，因此，她是愛本身的象徵。起初要送給阿利斯的禮物真的是愛，沒想到卻被奪走並轉贈給黑腓斯塔斯，原因是後者能讓他母親很高興。有智慧的父親或母親不為愛設下條件，而是大方地愛孩子，因為每個孩子「做自己」就很可愛。這並不妨礙懲戒，卻能避免操縱，操縱對孩子的傷害遠遠超過公平的懲罰。無論我們在人生中遭遇過什麼樣的失望，我們的孩子都沒有義務按照我們的規畫，或為了彌補我們認為自己缺少的事物而過活。假如宙斯與希拉在故事的開頭就能體認到這個簡單的事實，則根據這個神話所述，這世上就不會有戰爭了。

羅穆路斯與列姆斯：本是同根生，相煎何太急

競爭的雙胞胎出現在許多神話故事中，其中大多數故事的結局都不好。在這則古羅馬的故事中，手足間的敵意並非起因於雙親，而是源於單純嫉妒會最先站上世界舞台，成為最強好手的那個人。羅馬人以就事論事的口吻描述羅穆路斯（Romulus）與列姆斯（Remus）之間的嫉妒，以及一人被另一方謀殺，那反映出手足競爭永遠存在且典型的本質。

在一個美好的下午，戰神馬斯（Mars，相當於希臘神話的阿利斯）在後來成為羅馬城的七座山丘之一的樹林裡散步。他發現有個漂亮的年輕女子在林中空地睡著了。她是莉雅・西薇亞（Rhea Silvia），亞爾巴龍加城（Alba Longa）國王的女兒。她擔任威斯塔女祭司（Vestal Virgin）一職，被馬斯強姦後，產下的雙胞胎按照她父親的命令被放在筐籮中，任其漂流在台伯河（Tiber）上。如此一來，他女兒的恥辱才不會被人發現，因為國王不相信這兩個孩子的父親是天神。

可是台伯河的河神知道真相。他讓河水溢流，使這對孿生男孩被安全帶到一棵無花果

樹下的岩洞裡。這兩個小娃兒又怕又餓，哭了又哭，卻沒有人回應他們的呼救。但附近有一頭母狼聽見了，走過來餵他們喝奶。

最後，一個牧羊人和他的妻子發現了這對雙胞胎，同情兩個孩子的境遇。男孩得到庇護，在卑微低賤的環境中成長，渾然不知自己的出身。牧羊人管他們叫羅穆路斯和列姆斯。

年輕人長大後果然像他們的天神父親那樣強壯、勇敢又魯莽。他們決定建造一座城市，於是仔細研究飛翔的鳥群，並諮詢在地占卜者以便得到正確的預兆。在占卜者的魔杖分配給羅穆路斯的那片天空中，出現了十二隻兀鷲。但是屬於列姆斯的那片天空只看得見六隻。占卜者因而宣告羅穆路斯是新城市合法的創建者。羅穆路斯走上前，用一頭白色母牛與一頭白色公牛拉犁開溝，標示新城市的城牆界限。列姆斯跳過犁溝表示嘲笑，因為他很嫉妒，想摧毀自己兄弟的信心。兩人隨即發生激烈的爭吵，列姆斯先動手想殺羅穆路斯，羅穆路斯出於自衛，展現出和他的戰神父親如出一轍的狂暴，殺了自己的兄弟。

羅穆路斯繼續獨力建造他的城市，後來以他的名字為這城市取名為羅馬（Rome）。為了讓這城市能住人，他在城牆之間設立一處庇護所，各路不法份子、惡棍與無家可歸的流浪漢開始聚集在此。鄰近部落的女子拒絕嫁給來自這個不法之徒聚居地的男人，羅穆路斯因而夥同其追隨者綁架了其中一個部落的多名女子，以確保新羅馬城未來能持續繁衍人口。等他完成各項工作且羅馬城日漸欣欣向榮後，馬斯召喚他的兒子回家。羅穆路斯在一場猛烈的大雷雨中神祕地消失，此後被羅馬人尊為神。

故事告訴我們的事

雖然謀殺並非手足競爭的尋常結果，但成年後持久的冷漠與敵意，有時是童年時期競爭多於合作、妒恨多於喜愛所累積的產物。金錢或物產形式的物質保障，是引發手足間爭吵的主要原因，尤其是牽涉到誰能在父母過世後繼承多少財物。使羅穆路斯與列姆斯的角力加劇的，是世俗的權勢，倒不是追求父親或母親的愛。

面對子女間展現這類競爭時，父母能做些什麼嗎？最常見的是兩兄弟或兩姊妹互不相讓。在某些家庭中，這樣的嫉妒可因彼此的忠誠而取得平衡，但在其他家庭裡，仇恨會侵蝕家庭氣氛並在其中一個孩子或兩者身上造成恆久的傷疤。也許問題的關鍵就在故事中。列姆斯直到發現自己的占卜預兆不像他兄弟的那樣吉利，才心生妒意。換句話說，在別人眼中，他比較沒有價值。這種手足競爭通常是由「比較」埋下禍根，做父母的都該認清這類比較有多傷人。父親不經思索對兒子脫口說：「你為什麼不能跟哥哥一樣，把書念好呢？」母親不經意地對女兒說：「妳為什麼不能跟妹妹一樣穿著得體些呢？」老師信口問學生，「大家都出去外面玩，你怎麼坐在這裡看書呢？你怎麼不加入，跟其他人做朋友呢？」在羅穆路斯與列姆斯的故事中，占卜師扮演了做比較的這個角色，倘若比較被解釋成價值評斷，必然會播下不和的種子。此外，也許缺席的父親——畢竟馬斯除了讓莉雅．西薇亞懷孕，毫無貢獻——也讓孩子感到失望，因為他沒有在場給兩兄弟單獨打氣。

我們不禁猜想，假如羅穆路斯與列姆斯決定建造兩座不同的城市，距離遠到不會引起比較，事情是否就會有不同的發展呢？身為戰神的孩子，他們的天性並不適合妥協與合作。這是客觀事實，而不是對個性的評斷。況且有時候，認清天性好勝的孩子需要空間發展自己的才華，不讓他因手足的表現相形見絀，才是聰明的安排。每個孩子都需要定義出自我，並形成個人認同，我們應該竭盡所能地支持這種既自然又健康的個人發展。接著才有空間讓愛、相互支持和友誼成長。兄弟姊妹間可能總會有一定程度的競爭，但是若能及時行使一點點的智慧與敏感度，就可以防止戰神的好鬥精神發生在不該發生的時候。

安提歌妮：手足間無私的愛

這則希臘神話說的是手足之間也可以發展出深刻的愛與忠誠。雖然手足關係中有許多潛在問題，但也能有許多喜悅與幸福。安提歌妮（Antigone）的故事向我們提出一個重大的道德困境：我們該選擇忠於家人或顧全社會輿論呢？

安提歌妮是底比斯城（Thebes）國王伊底帕斯（Oedipus）的一對千金之一，是伊底帕斯與他母親約卡絲特（Jocasta）可怕、悲劇婚姻的產物。[7]可是，除了這受陰影籠罩的出身，安提歌妮的個性既忠誠又有愛，她的行為完全無可非議。在她父親發現自己的婚姻很可恥，隨即被逐出底比斯城後，他被憤怒的復仇三女神（Furies）追殺，安提歌妮是他忠實的嚮導，陪著眼盲的他四處流浪，多年來走過一個又一個國家（見六十九至七十四頁）。

伊底帕斯被放逐後，他的雙胞胎兒子，波利內克斯（Polyneics）和埃提歐克勒斯（Eteocles）被推選為這個國家的雙國王。他們同意每人輪流統治一年。然而，埃提歐克勒斯在第一個任期結束時不願交出王位，甚至將波利內克斯趕出底比斯城。為了爭奪王位，爆發了一場可怕的內戰。波利內克斯為了避免更多死傷，提議和埃提歐克勒斯單挑，決定誰能繼承王位。埃提歐克勒斯接受了這個挑戰。隨後，在這場有你無我的搏鬥中，兩方都受了致命傷。結果，軍權落入他們的母舅克利昂（Creon）手中，他自立為底比斯王，並詔告天下，不許任何人埋葬他亡故的兩名姪子。屍體不入土，他們的靈魂只能永遠在斯提克斯河畔徘徊。膽敢違抗此一命令者，會遭到活埋以為懲罰。

可是安提歌妮很敬愛自己的哥哥波利內克斯，她知道是埃提歐克勒斯心生邪念，才導致雙方開戰。她在夜裡偷偷溜出去，堆起火葬柴堆，將波利內克斯的屍體放在柴堆上並灑上泥土，以便其靈魂能在通往陰間的路上得到釋放。

國王克利昂望向宮殿窗外，注意到遠處有火光，似乎有人正在火化遺體。他前去查看，卻逮到安提歌妮觸犯詔令。克利昂召來自己的兒子，也是安提歌妮的未婚夫哈蒙（Haemon），命他活埋她。哈蒙假意順從，實際上暗地與安提歌妮成婚，再將她送走，讓她躲在他領地的牧羊人間，她在那裡為他生了個兒子。她寧願受死也不願背叛自己的心，因此帶來生命，而非死亡。

---

7 編按：安提歌妮是約卡斯特與其子伊底帕斯在不知情的狀況下亂倫所生下的女兒，因此她是伊底帕斯的女兒和妹妹，約卡斯特的女兒和孫女。她的兄弟姊妹有埃提歐克勒斯、波利內克斯和艾絲莫麗。

故事告訴我們的事

安提歌妮的身影流傳下來為後人所知，象徵面對死亡依舊保有絕對忠誠。這個妹妹非但不嫉妒哥哥，還能看清降臨在他身上的命運有多不公平，因而不願見到它發生。即便這代表在過程中得獻上她自己的性命，也在所不惜。她也認出假權威之惡與無端殘酷的恐怖，並且做了能做的事去反制它。她純淨的正義感很有感染力，她的未婚夫哈蒙響應她的行動，不惜違抗父命拯救了她。

除了安提歌妮對她哥哥的忠誠外，這個故事還有許多微妙的推論。自封為底比斯王的克利昂代表了當時的主流社會規範。儘管這類規範雷厲風行，但它們反映出規範制定者的個人價值觀與志向，它們的正當性因而令人懷疑。盲目遵從「偉大當權者」定義的是非對錯的那些人，就像克利昂，內心可能是空虛的，只靠著他們在外部世界擁有的權勢強撐著。因此，當舊規則被新規則取代，在特定時間被認為「符合社會規範」的事便可能有不同的詮釋。唯有像安提歌妮這樣秉持洞察力並懷有純淨心靈的人，才能超越社會規範束縛，根據靈魂的內在聲音，看清什麼才是真正正確的事。

面對這類衝突時，雖然孩子很少被要求挺身而出捍衛自己的兄弟姊妹，不過安提歌妮所做的決定，反映出一顆忠心具有何等巨大的道德與情感力量。它不僅解救了波利內克斯飄蕩的魂魄，也徹底改變克利昂的兒子，讓他彌補他父親的惡，使它一筆勾銷。許多兄弟姊妹之間都能找到這樣深刻的愛，那是情感深厚穩固的家庭生活所能帶來的至高樂事與最佳禮物。即使其他家人已完全發狂，它仍舊會發生。底比斯王室的神話歷史是黑暗的，起始點甚至早於伊底帕斯本人。家族中的罪愆一樁接著一樁，比任何電視肥皂劇更匪夷所思，更別提這個家系長期受到多位被冒犯的神所詛咒。底比斯王室正是終極的「失能家庭」（dysfunctional family）。然而就算面對這等混亂，如同安提歌妮與波利內克斯之間愛與忠誠的關係仍能持久。人類對家人的愛，其力量甚至可以承受心理面繼承的巨大破壞，進而改善過往，重塑未來。

第三章 傳承

神話對於從一代傳到另一代的傳承（inheritance）主題總是滔滔不絕，不厭細說。今日我們幾乎完全只從財物或生物遺傳的觀點來看家族傳承這件事，然而神話向我們展現的，卻是心理傳承的生動描述——未解的冤仇與兩難的窘境世世代代流傳，直到某個家族成員夠誠實且有勇氣、有意識地秉公處理這個議題，才能打破這種傳承。神話中的家族傳承可以是正向的，也可以是負向的，或是兩者混合。不過，它總是與神的禮物連結在一起，有的後代會以正面的心態運用它，有的則帶著傲慢與無知的心態使用它。

風之子：為什麼「富不過三代」？

這則希臘故事探討的主題是家庭的一大奧祕：我們的天賦與才華來自何方？這故事告訴我們，是神把天賦傳給他的人類後代，且暗指我們的才華並非「我們的」，而是透過人類來展現神的所有物，人類不過是神的創造力的看管人與容器。同時也暗示，濫用繼承而來的才能，最後可能會帶來災難。至於該運用天賦服務他人或控制生命，則由我們決定。

風神埃俄洛斯（Aeolus）[8]既聰明又具獨創力，發明船帆的就是他。不僅如此，他也是個公正虔誠的人，敬仰諸神。因此，他的父親海神波塞頓讓他看守所有的風。埃俄洛斯的兒子薛西弗斯（Sisyphos）繼承了他的聰明才智、順應力與足智多謀，可惜缺了他的虔敬。薛西弗斯是個狡猾的流氓、偷牛賊，靠著口蜜腹劍贏得一個王國，結果證明他一旦握有大權，就成了殘酷的暴君。他處決敵人——更別提那些打賭他會熱情待客的輕率有錢旅人[9]——方法是將他們固定在地上，再用石頭壓扁他們。

最後，薛西弗斯做得太過火，欺騙了眾神之王宙斯。話說宙斯將某個女孩從她父親身邊偷走，把她藏起來，而薛西弗斯是地球上唯一知道女孩下落的人。他答應宙斯會保守祕密。可是為了回報女孩父親的賄賂，他告訴對方該上哪兒去找這對情人。為此，宙斯給他的回報是死亡。沒想到聰明的薛西弗斯騙過冥府神哈得斯（Hades），把他綁起來，關進一處地牢中。如今冥王已是階下囚，世間凡人死不了。戰神阿利斯對這情形非常生氣，因為在戰役中喪生的人都會突然又活過來，再次起身戰鬥。最後阿利斯救出哈得斯，兩人聯手將薛西弗斯反扣雙臂，押送回冥府。

薛西弗斯拒絕認輸，又要了另一計花招，企圖擺脫厄運。一抵達冥府，他直接去找冥后波賽芬妮（Persephone）抱怨，說自己奄奄一息時就被拖下陰間，還來不及入土，因此需要三天時間回到人間安排他的葬禮。波賽芬妮毫未起疑，慨然應允，而薛西弗斯重回凡人世界後，一如往常繼續生活。情急之下，宙斯派遣比薛西弗斯更聰明的赫美斯，去押解他到陰間。冥府判官給薛西弗斯的懲罰，跟他詭計多端、用石頭殺人的殘酷手段相當。他們讓他站在陡峭的山坡上，並在他上方放一顆巨石。要防止巨石滾過他身上、壓扁他的唯

8編按：在神話中，名字是埃俄洛斯的人物有三個。本篇中的埃俄洛斯，是希臘神話中的風神，波塞頓和美拉妮蓓（Melanippe）的兒子。埃俄洛斯有七個兒子和五個女兒，其中包括薛西弗斯。

9譯注：相傳薛西弗斯為了維持鐵腕統治，屢次違反主客之道，殺害旅人與訪客。這個作為犯了宙斯的大忌。

一方法，是將它推上山。哈得斯承諾，假如薛西弗斯能推巨石過山頂，往山的另一頭滑下去，他的懲罰就會結束。薛西弗斯使盡全力將巨石推上斜坡，可是巨石總是戲弄他，一再滑脫他的掌控，追著他一路滾下山丘。這就是他的命運，萬劫不復。

回到地上，薛西弗斯留下兒子與孫子，他們全都繼承了風神埃俄洛斯的機智，可惜他們並沒有明智地使用這份禮物。薛西弗斯的兒子格勞科斯（Glaucus）是個聰明的騎手，但鄙視女神阿芙羅狄特的力量，拒絕讓他的成年母馬生育後代。他希望這個方法能讓牠們在雙輪馬車競賽中比其他參賽者更有活力，因為那才是他主要的利益所在。這種透過人為詭計違反大自然的舉動讓阿芙羅狄特很煩惱，便在夜裡將母馬帶出去，餵牠們吃一種特別的藥草。翌日，當格勞科斯想給這些母馬套上軛，牠們竄了出去，撞翻馬車，拉著被韁繩纏住的他在地上拖行，接著將他活生生吞下肚。

格勞科斯的兒子名叫貝勒羅封（Bellerophon）。這名俊秀的年輕人繼承了曾祖父埃俄洛斯的創造力與機智、祖父薛西弗斯的暴躁壞脾氣，還有父親格勞科斯的傲慢自大。有一天，貝勒羅封在激烈爭論後失手殺死兄弟。他被自己的罪行嚇壞了，發誓此後再也不表露情緒，隨即逃離祖國。

他四處流亡，最後來到提林斯（Tiryns）的岩堡，這裡的王后愛上他，邀他成為她的戀人。貝勒羅封擔憂這種風流情愛的後果，謝絕對方。可是，從來沒有人拒絕過提林斯的王后。她惱羞成怒，私下向丈夫指控貝勒羅封企圖姦淫她。國王不願處罰貝勒羅封，也不想為了直接殺害一個有求於己的人而遭受復仇三女神的嚴懲。他把貝勒羅封送到他岳父利西亞（Lycia）國王的王宮，還寫了一封密函，內容提到，「望您能將捎信人自世上剷除。他試圖侵犯我的妻子，您的女兒。」

利西亞國王因而派這名年輕英雄參與一連串致命的探險。他的第一件任務，是殺死奇麥拉（Chimaera）。這頭噴火怪獸住在附近的一座山上，不僅讓人民驚恐不安，也燒焦了土地。貝勒羅封夠聰明，知道自己急需幫助，便向一位先知求教。對方給他一張弓、一筒箭，還有一支尖端換成大鉛塊的矛。接著，貝勒羅封聽從指示前往一座神奇噴泉，在那裡找到一匹有翅膀、正在喝水的馬。貝勒羅封必須馴服那匹名叫培格索斯（Pegasus）的馬，幫牠上馬勒，騎在牠背上，飛上天與奇麥拉搏鬥。

這一切貝勒羅封全都一一照辦。他將那支鉛頭的矛用力扔刺進噴火怪獸的咽喉，鉛熔化後流入牠的肺部，讓牠窒息，藉此消滅牠。回到利西亞時，國王派人來殺他，他從空中向他們投擲石塊，打敗了敵人。最後，國王認可貝勒羅封是個戰士，把女兒許配給他，並將一半的王國交給他治理。

到這兒為止，貝勒羅封都善加運用他所繼承的聰明才智，並小心約束自己的傲慢與浮躁。但是，等他終於發現這一切險阻艱難全都因提林斯的王后而起，貝勒羅封怒不可遏，騎著飛馬來到提林斯擄走王后，讓她從數千英尺的高空掉下去摔死。接著，在滿腔急躁激動的情緒和馮虛御風的興奮之中——畢竟他的曾祖父埃俄洛斯是風神——他決定要飛得更高去拜訪眾神。可是，除非受到神的邀請，否則凡人是不許進入奧林帕斯山的。宙斯派一隻蒼蠅去叮培格索斯，使得這匹飛馬突然抬起前腿躍立，貝勒羅封便墜馬殞命。

故事告訴我們的事

聰明才智是否來自家族傳承？這個問題一直有爭論。有人提出從環境到教育，再到文化的重要性等各種原因，來解釋為什麼聰明機靈似乎會在家族間流傳。然而，無論聰明才智可否傳承，讓我們能明智運用聰明才智的成熟度與道德感並非來自遺傳，而是掌握在每個人手中——也握在教導孩子重視生命的家長手中。

希臘人相信天賦的傳承。他們假定，如果某支人類家系的祖先是神或半神半人（如埃俄洛斯），則後代子孫會繼承他的某些特質。也許過了幾代，它們會慢慢變得不那麼鮮明，但是每個家族成員都有這樣的特質。在希臘神話中，聰明才智跟音樂、武術技能或預知能力一樣，都是天賦。此外，假如繼承了那種天賦的凡人笨到忘了分際而冒犯眾神，那麼他們得獨自為不好的結局負起責任——神可是不必為此負責。

半神半風精靈的埃俄洛斯很虔誠，對神也相應地崇敬。但是他的兒子薛西弗斯既沒良心也不謙遜，因而遭受可怕的永恆懲罰。我們該如何給孩子一套價值判斷準則，讓他們能在其中發展自己的才華，不致陷入傲慢與貪心妄想的境況？判斷準則太嚴格會綁住才華，但缺乏判斷準則會導致潛力未被開發或濫用與生俱來的才能。在故事中，埃俄洛斯的後代有個重要特徵，那就是做父親的並沒有待在孩子旁邊，協助提供那樣的判斷準則。那些天賦才能是傳承而來的，可惜欠缺一個有愛與支持的封閉環境，讓具有天賦者在天賦茁壯的過程中也能逐漸體認到人類的極限。埃俄洛斯忙於治理四方的風，忽略了薛西弗斯；薛西弗斯忙於欺騙旅人，忽略了格勞科斯；格勞科斯太專注於雙輪馬車競賽，忽略了貝勒羅封；至於貝勒羅封，這個家族中最有魅力，也最像他祖先埃俄洛斯的成員，最終無法約束自己，因為沒有人教過他該怎麼做。他在盛怒中殺了自己的兄弟，直到這時，他才發現自己最大的弱點。可是此時他已成年，克制是很難的事。他知道自己該做什麼，但是當關鍵時刻來臨，他能抵擋女人的花言巧語，卻抗拒不了自我膨脹的滿足感。

這個家族非常聰明卻傲慢自大，他們的故事向我們展示了關於選擇和責任的許多事。神話中的英雄，無論男女，都象徵我們每個人身上具有的特質，帶給我們個人意義與命運的感受。由於每個人都擁有某種使他獨特的天賦，從希臘人的角度來看，我們全都是「神的後裔」。你我全都有能力運用自己的才能去行善或為惡。我們的天賦可能是鼓舞人心環境下的產物，也可能和眼珠顏色與髮色一樣，是遺傳而來的，或者兩者都有。這個故事告訴我們，少了尊重他人的價值與重要性，聰明才智可以是種利弊兼具的才能，擁有者最終會自作自受。希臘人認為什麼是尊敬神的作為呢？這並不需要任何具體的宗教框架，雖然每個偉大的宗教都提供一套符合「神的旨意」的行為準則。不過，「虔敬」（piety）在希臘人眼中，是要承認生命的整體性與一切生命的價值。畢竟，神是生命本身許多面向的象徵。我們也能從貝勒羅封的例子學到，無論我們有多能幹，都不該立志躋身奧林帕斯山。我們只能是人，而且必須謙遜地善用我們的天賦。

底比斯王室：所謂的「家族宿命」

這則故事說的是希臘人對家族詛咒的理解——只要冒犯了神，就會世世代代受到懲罰。從現代心理學的角度來看，可以將它理解成未解決的家庭衝突傳於後世。我們也許會發現自己正面對父母沒有處理的事。如果置之不理，那些「父之罪」後來會再傳給我們的孩子。底比斯家族的成員經常出於差勁的判斷力、傲慢、感覺遲鈍，以及純然的盲目愚蠢而冒犯諸神。直到這個家族已不復存在，且在他們治理下飽受磨難的底比斯城得到解放後，這個家族詛咒才失效。故事中沒有救贖，主要是因為沒有任何家族成員從過去學到教訓，或是以謙卑的態度求眾神幫忙。

賴歐斯（Laius）是底比斯城國王。他因結婚多年膝下猶虛而悲傷難過，暗地裡向阿波羅（Apollo）的德爾斐女祭司（Delphic Oracle）請益。女祭司告訴他，這看似不幸，但其實是福氣，因為他妻子約卡絲特生下的孩子將來會殺害他。國王因此休了約卡絲特，卻沒有告訴她理由。她怒火中燒，設法灌醉賴歐斯，待夜幕低垂，哄他再次投入她的懷抱。九個月後，約卡絲特產下一子，賴歐斯從乳母懷中擄走孩子，用釘子刺穿他的腳踝，再把他拋棄在山上。這是底比斯王室違抗諸神的第一宗罪。因為阿波羅與他的雙胞胎姊妹阿提密斯是孩童的守護者，他們仔細留意這個惡毒的行為。

由於他們出手干預，這孩子並沒有死在山頂上。一個科林斯牧人發現他，看他的雙腳受到釘傷而變形，給他取名伊底帕斯（意為腫脹的腳），帶他回到科林斯（Corinth）。他沒有子女又渴望有個兒子的科林斯城國王與王后收養了這個男孩，視如己出地撫養他。他逐漸長大，認為自己是科林斯的王位繼承人。沒想到有一天，一個科林斯青年奚落他，說他跟他父母一點都不像，伊底帕斯動身前往德爾斐神殿，請教女祭司未來他會發生什麼事。阿波羅神警告伊底帕斯，他將會弒父娶母。

這個神諭把伊底帕斯嚇壞了，他決定不回科林斯，他決心證明太陽神錯了。這是底比斯王室違抗諸神的第二宗罪，因為凡是質疑阿波羅立定心意的人，就得受懲罰，無論那看起來有多殘忍且難以理解。徒步行進的伊底帕斯在靠近德爾斐的一處山間隘路巧遇賴歐斯國王的雙輪馬車（他自然不認識對方是誰）。賴歐斯命令這個不知名的年輕人離開道路，讓路給比他地位更高的人。伊底帕斯勃然大怒，回應說除了他的雙親和眾神，他不認為有誰的地位比他高，他渾然不覺自己的說法何等諷刺。為了報復，賴歐斯駕著馬車輾過伊底帕斯的腳，害他的舊傷口又裂開了。伊底帕斯在盛怒之下撲向賴歐斯，駕馬車輾斃他，任由屍體倒臥塵土中。

同時間，有個禍害正在折磨底比斯人。其實，賴歐斯本來正趕往德爾斐神殿，他想打聽底比斯城如何才能擺脫駭人的斯芬克斯（Sphinx）。這頭怪獸是天后希拉派來懲罰底比斯人的，這是由於賴歐斯誘拐、強姦了一名年輕男孩（這是底比斯王室違抗諸神的第三宗罪，因為希拉是家庭的守護神）。斯芬克斯落腳在城門口，問來往的每個徒步旅行者一道謎題，「什麼生物只有一種聲音，有時有兩條腿，有時三條，有時四條，而且有最多條腿的時候力氣卻最弱？」只要無法解開謎語，就會當場被掐死，而路上滿是被吞食一半的屍體。

伊底帕斯剛殺死賴歐斯，馬上來到底比斯城外揣想著答案。「是人，」他回答說，「孩提時用四條腿爬行，年輕時用兩條腿穩穩站立，老了則得倚著拐杖走。」極度困窘的斯芬克斯從城牆往下一躍，在下方山谷跌了個粉碎。心存感激的底比斯人一致擁戴伊底帕斯為底比斯國王，隨後他迎娶約卡絲特，完全沒察覺她就是自己的母親。

多年後，一場神降下的瘟疫突襲底比斯城，國王再次向德爾斐女祭司請益，神諭指示道，「把殺害賴歐斯的凶手驅逐出境！」伊底帕斯咒罵凶手，宣判將流放那人。他並不知道以前在路上遇見的是誰，因此無意中詛咒了自己。

很快地，有個預言者來到底比斯城王宮，宣稱伊底帕斯王自己就是殺害賴歐斯的凶手。起初沒有人相信他，但是來自科林斯王后的消息確認了伊底帕斯的真正來歷。約卡絲特因悲傷羞憤而上吊自殺，伊底帕斯從她的衣服取了根針，刺瞎自己雙眼。接下來，伊底帕斯受到復仇三女神追殺，還被趕出底比斯城，約卡絲特的兄弟克利昂將他驅逐出境。被趕出底比斯城之前，他詛咒自己的一雙兒子（他們同時也是他的兄弟），埃提歐克勒斯和波利內克斯。因此，又有另一條詛咒施加在底比斯王室身上。經過許多年的飄蕩異鄉，伊底帕斯在他女兒暨姊妹安提歌妮的引導下終於來到阿提卡，復仇三女神在那裡放了他，最後安詳地死亡。

然而，安寧平靜並未降臨底比斯王室。我們在前一章（見五十六至五十九頁）看到安提歌妮如何違抗她的舅父克利昂，設法釋放她已故哥哥波利內克斯的靈魂，害她自己被判處死刑。此外，我們也看見伊底帕斯的兒子為了底比斯王位繼承而爆發戰爭，如何雙雙被消滅。即便在他們兩人與國王克利昂死亡後，衝突仍未止息。波利內克斯的兒子企圖奪回王位，他認定自己身為伊底帕斯的長孫，那是他的長子繼承權（birthright）。然而，在接著發生的大規模戰役中，他和他的盟友輸了，底比斯城遭到燒殺劫掠，眾神對賴歐斯與其子孫的詛咒到此終於結束了。

故事告訴我們的事

這個故事在心理層面代表什麼意思呢？所有家庭都有未解決的衝突，一代傳過一代。如果某個世代拒絕面對，不解決這個衝突，它就會不知不覺地施加於下一個世代。你我都是獨立的個體，但還是會帶有父母留給我們的觀點、態度與價值觀。假如我們對自己繼承的心理模式毫無所覺，它們就會在我們如何對待自己子女這件事情上發揮強大的影響力。

在這則神話中，麻煩始於賴歐斯。面對阿波羅的警告，他的反應是想斷絕與妻子的關係。這並未冒犯神，可是賴歐斯不願將真相告訴約卡絲特，讓她自覺被羞辱，因而引發他自己的毀滅。伴侶間缺乏溝通是古今皆然的懈怠。他不讓妻子理解為什麼她會被冷落，賴歐斯就這麼召來了自己的命運。儘管我們同情他的恐懼，但是他謀殺親生兒子的冷血企圖與淩辱無辜小男孩，對諸神是嚴重的冒犯。同時，賴歐斯造成的破壞不因他死亡而告終，因為隱瞞伊底帕斯的誕生導致他兒子的無知。

伊底帕斯本身有兩項致命缺陷：他無法控制自己的憤怒，還有他跟賴歐斯一樣，無法有風度地接受女祭司的話。這對父子同樣不願屈服於神的旨意，只把自身的安全與重要性放在第一位。這種對權勢上癮的毛病不僅折磨賴歐斯與伊底帕斯，也讓約卡絲特的兄弟克利昂及伊底帕斯的兒孫苦惱不堪。在這個家裡，愛、憐憫與謙遜似乎沒有容身之地。

這則故事的血腥與暴力本質不該阻擋我們思索，哪些情況下我們可能在物質面或心理面犯下類似的錯誤？有多少丈夫或妻子未能與伴侶分享其行動或決定背後的原因？有多少伴侶未能找出自己遭到拒絕的真正原因，反而用報復來代替？有多少欺瞞發生在每個家庭中，只因我們希望自己在孩子眼中能顯得重要且無可非議，便將祕密隱藏起來？憤怒爆發與暴躁脾氣有多少次破壞了家庭安寧？嫉妒與較勁有多少次引發手足競爭，從而摧毀一段友愛關係的所有痕跡？

幸運的是，我們的過錯通常較底比斯王室犯下的那些罪來得輕微，而且當我們傷害了某人，我們會誠實、謙遜地認錯，或是發現人生不盡如我們所願時，我們會有風度地讓步。在這個故事長時間展開的任一時點上，只要任何家族成員展現出善良、同情、耐心或願意放手，就能破除詛咒，解救這個家族。底比斯王室的衰落不應歸咎於憤怒的諸神，而是當事者的遲鈍與人為錯誤一代又一代地重複，直到衝突的累積負擔變得太過巨大，整個家族已四分五裂且無可挽回地徹底崩壞了。

阿特留斯王族：比較愛爸爸還是媽媽？

雖然大多數家庭的成員並不像這則希臘神話的角色那樣樂於吃掉自己的後代或彼此殺害，但是從祖父母傳到父母，再傳到子女的負面行為是種常見的詛咒。心理學家與社會工作者都知道，會使用暴力的父母，他們的孩子後來也會對自己的孩子暴力相向。那些虐待孩子的人，自己往往也曾受虐。最終，我們都必須解決家庭留給我們尚待處理的心理問題。歐瑞斯特斯（Orestes）與阿特留斯王室（House of Atreus）的故事告訴我們，化解家族詛咒得靠謙遜、誠實、願意承擔無端受苦，以及信仰神、信賴生命。

利底亞（Lydia）國王坦塔羅斯（Tantalus）與諸神關係友好，尤其是宙斯還允許他參加奧林帕斯山的盛宴，享用神酒與神饌[10]。坦塔羅斯急於讓眾神留下深刻印象，隨後在他的王宮設宴，邀請諸神前來。可是他發現儲藏室的食物不足以供應這群賓客，他擔心若

10譯注：nectar and ambrosia，諸神便是靠著這些酒水美食，得以長生不死且永保青春。

沒有足夠的食物可吃，這群貴客會覺得受到冒犯。他把社會地位看得比愛重，把兒子皮洛普斯（Pelops）切碎後加進為眾神準備的燉菜中。可是，眾神注意到自己面前的大淺盤裡裝的是什麼，因反感而紛紛走避。為了懲罰他的罪行，他得受到永恆的折磨，他的血脈也受到詛咒。同時間，諸神讓皮洛普斯復活，他成年後生了三個兒子。年長的兩兄弟，阿特留斯（Atreus）與提俄斯特（Thyestes）嫉妒他們最小的弟弟是父親的最愛，兩人聯手殺了他。皮洛普斯發現了他們的犯罪事實，氣得詛咒這兩個兒子和他們的後代子孫。這是落在坦塔羅斯後代的第二個詛咒。

阿特留斯成了親，隨即發現妻子與他兄弟提俄斯特有一腿。他隱忍怒氣不發。後來有個神諭宣稱，兩兄弟中有一個會成為邁錫尼（Mycenae）的國王。不出所料，兩人為此爭吵不休。仍因妻子出軌而憤怒的阿特留斯將提俄斯特驅逐出境，拿下王位。然而，大權在握並未減輕阿特留斯對他兄弟的憤怒。他假裝自己想和好，邀請提俄斯特參加一場團聚晚宴，準備進一步懲罰提俄斯特。晚宴主菜呼應了他祖父坦塔羅斯的菜餚，阿特留斯殺了提俄斯特的兒子，將他們烹煮後，端給他們不知情的父親吃。等提俄斯特知道自己吃下什麼後，他詛咒阿特留斯與他的家族。這是落在坦塔羅斯後代的第三個詛咒。

提俄斯特隨後接到阿波羅的指示，要他為被謀殺的孩子復仇。提俄斯特現在只剩下一個女兒，名叫皮洛琵雅（Pelopia）。他在暗處強暴了她，然後躲了起來。皮洛琵雅不知道襲擊者的真實身分，那個不明人士只留下一把劍，還有她肚裡的孩子。阿特留斯與不貞的妻子離婚後，娶皮洛琵雅為妻。阿特留斯很高興皮洛琵雅很快便生下兒子，艾格斯托斯（Aegisthus）。他愚蠢地相信這男孩是他的孩子，不會受到先前家族紛爭的汙染。但是神的詛咒不會因為一廂情願的想法就消失。一場大旱肆虐整個王國，有個女祭司宣稱，唯有召回提俄斯特才能結束這場旱災。

最後，提俄斯特被找到，並遭到監禁。阿特留斯命令艾格斯托斯（皮洛琵雅年幼的兒子，阿特留斯以為是自己生的）去完成他第一件有男子氣概的任務——拿他母親的劍殺了囚徒提俄斯特（其實是這男孩的正牌父親）。這男孩拿著劍走進提俄斯特的牢房，提俄斯特一眼就認出那是他的劍。他請他女兒皮洛琵雅前來。當她得知真相後，用那把劍自刎而死。年輕的艾格斯托斯終於發現自己的出身背景，決心向阿特留斯復仇，於是帶著那把血跡斑斑的武器回去找阿特留斯。他殺了阿特留斯後，提俄斯特便取而代之，成為邁錫尼的國王。

同時間，阿特留斯的兒子阿加曼農（Agamemnon）被奶媽從屠殺中救出，帶到異鄉撫養。成年後，他娶克呂苔美斯卓（Klytaemnestra）為妻，對方是幫助他奪回邁錫尼王位的斯巴達（Sparta）國王的女兒。提俄斯特與他兒子艾格斯托斯雙雙被流放，提俄斯特不久便死了。

克呂苔美斯卓為阿加曼農生了一兒三女。阿加曼農是希臘參與特洛伊戰爭時的聯軍統帥。為了確保出征時天氣晴朗，他同意將一個女兒祭獻給阿提密斯女神。他向妻子撒謊，騙她已將女兒嫁到遠方，其實是暗地殺了女兒。克呂苔美斯卓後來識破他的欺騙，另結新歡——不是別人，正是提俄斯特的兒子艾格斯托斯，他趁她丈夫外出打仗時喬裝打扮，出現在王宮中向王后求愛。他們齊心密謀殺害阿加曼農，等他從特洛伊戰爭返家後，趁他沐浴時將他砍得支離破碎。

阿加曼農的兒子歐瑞斯特斯在克呂苔美斯卓和她的情夫策畫殺害國王時，就已經被送走。如今阿波羅神來訪，把他父親喪命的真相告訴他，並要求他必須復仇。歐瑞斯特斯強烈抗議，說他並不關心他父母的爭執，而且他不想介入更多殺戮中。可是阿波羅神聲明，無論喜不喜歡，他都是阿加曼農的兒子，因此他有責任為他父親的死報仇。倘若歐瑞斯特斯不肯遵從，阿波羅保證會讓他的餘生都非常難過。歐瑞斯特斯知道，假如他動手殺害母親，捍衛母親權力的冥府復仇三女神會讓他發瘋，以懲罰他弒母。無論他選擇怎麼做，都是死路一條。萬般無奈下，他決定因為自己是男人，他要效忠父親，所以他殺了母親和她的情夫。

復仇三女神果然現身將歐瑞斯特斯折磨到發瘋。在承受心靈痛苦與折磨一年後，他向雅典的雅典娜（Athene）女神祭壇尋求庇護。她與第一個人類陪審團聯手判定他無罪，讓他脫離對他家族的詛咒。後來他不但結了婚，還取得斯巴達王位，建立起一支不受他家族過往汙染的家族。

故事告訴我們的事

在這則黑暗血腥的故事中，殘暴行為始於坦塔羅斯，他對於殺害兒子以打動和愚弄眾神這事一點也不覺得心虛。這不禁讓人想起將自己的野心看得比自己孩子的福祉與幸福更重的那些家長。在這樣的教養下，無怪乎皮洛普斯對自己的孩子毫不體貼。我們在稍早的故事中看見，父母偏愛能在手足間激起何等巨大的憤怒與敵意。在這則故事中，阿特留斯與提俄斯特都遭到他們父親的詛咒。假如手足間出現惡意的嫉妒，唯有準備仔細檢視其根源的父母才能幫得上忙。皮洛普斯只是搧風點火。這體現在日常生活中，就是父母對孩子說：「因為你不乖，我不愛你，也不要你了。祝你不幸，希望你人生悲慘。」

有個重複的主題貫穿這整個故事：為了滿足情緒衝動或獲得財物，願意殘酷地對待自己的孩子。在現代家庭中，這種殘忍對待有時確實是人面獸心。暴力與性侵不只發生在今日，也見於古希臘。但是更常見的是默默的殘酷對待，甚至還能與愛和父母深切的關心同時存在。如果我們沒有認識到孩子的感情與特質，卻犧牲孩子的個性，強將我們自己的感覺、希望與期待加諸他身上，那麼我們遠比自己以為的更加接近阿特留斯王室。

然而，儘管這一切如此恐怖，這則故事並不像底比斯王室的故事那樣以悲劇收場。我們在歐瑞斯特斯身上看見解決衝突的形象。歐瑞斯特斯就像大多數人，他不想參與家族的罪行，不過他沒有選擇。他被夾在兩個神的命令中間，無論怎麼選擇都會受苦。這對我們自己的生活意味著什麼？若父母因厭惡彼此而分居，或在持續的敵對狀態下同住，孩子往往會覺得非得選邊站不可。他們嘗試向某一方表示忠誠，並否認對另一方的愛來解決衝突，這種做法可能會受到某些父母的鼓勵，因為他們想利用孩子作為武器，傷害彼此。有多少母親感覺自己被犯錯的另一半「冤枉」，因而說服孩子認定他們的父親是壞人，不配得到孩子的愛？有多少父親無法滿足妻子的情緒需求，創造了一個有心愛女兒的幻想世界，在那裡排除了母親，卻要求女兒成為代理妻子？

我們可能在年幼時被要求在爭吵的父母中做出選擇。但是我們該效忠父親或母親呢？

我們該如何否定內心對另一方的愛，懷著內疚繼續過日子呢？我們起初也許必須選邊站，才能在內心與外部衝突中不被情緒壓垮。但是選擇某一方、背棄另一方，難免讓我們痛苦好一段時間，直到我們夠成熟，能後退一步，將父母雙方看成被困在錯誤與無意識循環中，沿襲多個世代的普通人為止。

故事中殘酷地對待孩子是描述一個家庭否定愛與真心關懷，且將追求權勢的意志擺在第一位的另一種方法。歐瑞斯特斯被一分為二，因為他既愛父親也愛母親，殺害任何一方都會讓他承受巨大的內心折磨。我們就像歐瑞斯特斯，想脫離家庭的控制範圍，忽視過去並避免重蹈父母的錯誤。此外，我們就像歐瑞斯特斯，不得不忍受來自承認我們擁護父母雙方，忍受加諸我們身上的監護權爭奪戰，展現徹底忠於自己的心所帶來的種種痛苦。

阿特留斯王室的故事還提供了另一個重要的見解。歐瑞斯特斯的贖罪有部分是透過他自己的耐心、甘願受苦及接受神的旨意。另外還有部分則是透過神本身——尤其是雅典娜女神，她組織了一個人類陪審團，並在阿波羅與復仇三女神間居中調停。這代表什麼意義？雅典娜是智慧女神，她和她的人類陪審團體現了人類心智有能力拆解、仔細思考與認識交戰任一方內心或外在的觀點。雅典娜不僅能看見問題，也讓參與者能表達他們對問題的看法。簡而言之，她不只是意識的化身，也是溝通和願意傾聽雙方意見的化身。這位女神提醒我們，假如能找出方法抵擋想宣洩強烈情緒的放縱，且能展開誠實思考與溝通的困難歷程，即使像阿特留斯王室這樣的家庭也能擺脫詛咒。

意識必須用受苦來支付——天下沒有不勞而獲的事。懊悔與贖罪也許是彌補不可或缺的一部分，我們得和家人一起這麼做。此外，我們也必須為家人在我們出生前做過的錯事與犯過的錯誤受罰。人生並非總是公平的，發生在歐瑞斯特斯身上的這一切無疑沒有半點公平可言。但是他經歷的過程和它最終的解決告訴我們，每個人都有潛力能整頓過往罪愆，自由地去愛，全心理解我們的家人。

第二部

成為獨立個體

所有人心中都有一股神祕衝動，想要成為我們自己——除了家庭關係、夥伴關係與社群生活能帶給我們認同感之外，我們還想成為獨一無二且有特色的人。但是神話告訴我們，成為一個獨立個體的歷程是艱難的，有時甚至是痛苦的。不僅要有意願迎接測試我們意志強弱的內心與外在挑戰，也要有能力不受他人左右，忍受周遭尚未展開自我追尋旅程者的豔羨或反對。神話向我們展現離開家園有多困難，以及在爭取自主的奮鬥中得遭遇、擊退什麼樣的惡龍。尤其是神話故事也揭露了個人目的與意義無比重要——也許是我們努力成為真正的自己這過程中最深奧的謎團。我們並非總能認清，為了感覺有所歸屬，我們會避免自我挑戰到哪個程度，又會有多少時候背叛自己由衷的價值觀。神話在這些領域不只能提供精闢見解，還能向我們保證自我發展不一定就是自私自利，畢竟我們無法真正向別人付出我們內心尚未發展出來的東西。

第一章 離開家園

離開家園是個典型的家庭經驗。若想尋求自我，我們必須在心理上脫離自己的發源地。為了達到這個目的，也必須實際離開父母與老家，如此方能發現自己的想法、感受、信念、價值觀、才能與需求。離開家園，並不意味著家庭生活是「壞的」才必須遠走。有時候，那些害怕踏上人生旅程的人，比懷著信心與希望走進世界的人更有可能遭遇家庭問題。離開親人很痛苦，假如對方不願讓我們走，會讓事情雪上加霜。但同樣地，發現我們有能力自己做決定、為自己的生活負責，是一大樂事。

亞當與夏娃：和童年與純真道別

亞當和夏娃的聖經故事談的是分離與失落。我們可能會相信它是真實的，我們可以把它當成一個道德典範，或是從中看見誕生後第一次與母親分離的寓言。它在許多層面上都是真實可信的，但是它要告訴我們最重要的一件事是，我們不能永遠留在樂土，而必須接受塵世生活的重擔。被逐出伊甸園是離開家鄉的典型故事。

耶和華在東方的伊甸（Eden）造了一座園子，裡頭充滿各式各樣的生物。在園子中央有兩棵樹：生命樹（Tree of Life）與分別善惡樹（Tree of Knowledge of Good and Evil）。耶和華造亞當，把他放在園中，吩咐他可以任選喜愛的果子來吃，唯獨分別善惡樹的果子不能吃。接著耶和華將所有動物帶到亞當面前，讓他為牠們取名，然後耶和華使他沉睡。他睡著時，耶和華取下他的一條肋骨造成夏娃，亞當從此不再獨居。亞當和夏娃赤身露體，開心地在伊甸園行走，平安地與耶和華同在。

但是眾生物中最狡猾的蛇問夏娃，她是否被允許隨意吃任何果子？夏娃回答，「沒錯，我們可以吃任何樹上的果子，唯有分別善惡樹的果子不行。如果我們吃了那個，就會死。」

「正好相反，」蛇說：「假如妳吃了分別善惡樹的果子，就能分辨善惡，和神平起平坐。那就是為什麼他禁止你們接近那果子。」

夏娃渴望地盯著分別善惡樹瞧，能讓她變聰明的多汁果子非常吸引她。最後，她再也無法忍耐，摘下一顆果子吃下肚。接著她把另一顆遞給亞當，他也吃了。他們彼此互望，突然察覺自己一絲不掛且男人與女人的身體有別，頓時感到羞恥難堪。他們匆匆拾起幾片無花果葉，蓋住私密部位。

黃昏時起了涼風，他們聽見耶和華走進園中的聲音，卻躲了起來，不讓他看見。偏偏耶和華呼喚亞當，問他人在哪裡？為什麼要躲起來？亞當說，他聽見耶和華的聲音就害怕。耶和華說：「你怕我？莫非你吃了我吩咐你不可吃的果子嗎？」

亞當馬上指著夏娃，「都是這個女人把那樹上的果子給我，我就吃了。」

夏娃應道，「是我沒錯。但都怪那蛇引誘且欺騙我。」

於是耶和華詛咒那條蛇，並將亞當與夏娃趕出伊甸園，說：「現在你們能知道善惡，就必須出伊甸園去。如果你們留下來，又摘生命樹的果子吃，就永遠活著。而那是我所不允許的。」接著耶和華把他們趕到世上，詛咒他們，從今以後，亞當必汗流浹背才得餬口，而夏娃生產兒女必多受苦楚。耶和華在伊甸園的東邊安設基路伯[1]和四面轉動發火焰的劍，把守通往伊甸園與生命樹的路。

故事告訴我們的事

「亞當」這個名字的意思是「大地」，而「夏娃」的意思是「生命」。因此，我們從故事一開頭就被告知它真正關心的是：人類進入塵世，過凡人生活的歷程。亞當與夏娃必須忍受兩大重擔，作為他們不服從的懲罰。這兩大重擔是所有成年人多多少少都必須面對的：為生計工作，以及為人父母。

在某個層面上，這個故事描述我們必須面對的第一個失落——在生存初始與母親的子宮分離。在子宮裡，生活很愉快，沒有壓力或負擔。因為沒有極熱或酷寒，那裡無須穿衣，也不會感受到飢餓或口渴。生活是如此安詳，沒有孤獨、衝突或痛苦。接著，誕生的震驚降臨。如同亞當與夏娃突然被推出伊甸園外，剛出生的嬰孩首次嘗到孤單的滋味與身體的疼痛。

可是誕生並不僅限於嬰兒從子宮冒出頭。當我們開始意識到自己是獨立的生命，擁有不同於父母的思想、感覺、夢想與目標，我們就此「誕生」。家庭本身就是一種伊甸園，孩子在父母的愛與保護下成長，無須面對俗世的難題，也不必像成人承受孤獨、衝突與奮鬥帶來的痛苦。我們按被吩咐的方式思考，照被要求的理路去感受，毫無疑問地依循既定的規則與價值觀行事。家庭內和睦融洽，直到有天孩子來到青春期，即將抵達成年的門檻，開始追尋自己對世界的理解——這禁果讓我們像神一般。換句話說，當我們實地體會生活經驗，發現自己的身體、情感與心智力量後，便有權做出決定與負起責任，從而成為和我們父母旗鼓相當的人。我們必須找出自己的路，我們可能會覺得惶恐與慚愧。許多父母就像故事中的耶和華，覺得這是個很難受的挑戰，直接違抗他們的權威。年輕人被逐出家庭精神的一體性之外，轉進獨立個體那艱苦冷酷的世界，再也無法重新踏進那個孩子與父母連成一體的神奇關愛世界。

性欲與性經驗是重要的啟蒙過程，我們品嚐禁果，從中發現自己的本質。但是這個故事並不只是描述性。所謂分辨善惡的知識，其實是根據個人的價值觀做出選擇。你我的所

---

1 譯注：Cherubim，一種有翅膀的活物，也被稱為「智天使」。

有選擇，包括和性有關的選擇，其核心都反映出身為獨立個體的你我是誰。可是，這類發現多伴隨著分離的痛苦，因為我們必然會發現矛盾，甚至與我們最愛的人發生衝突。

我們遲早得挑戰父母的假設，自己做決定，自己承擔後果。這些選擇可能涉及特定的職業方向，上不上大學的決定，儘管父母反對、我們卻執意追求的一段戀情，會引發家庭衝突的想法與感情表達。無論它們是什麼，我們在某個階段都得冒著分離與孤單的風險，踏出伊甸園外。

成年可能包含了失落、孤立、羞愧與內疚等許多感覺。這也許是為什麼很多大學生在接近大考時會為憂鬱症、精神崩潰和想自殺的感覺所苦。因為進入世界的時刻來臨，而在某些狀況下，揮別童年與純真可能非常痛苦。對於站在那樣門檻上的年輕人來說，很大程度取決於身為父母的我們如何應對孩子心中那條蛇代表的強烈衝動。假如我們將他們想要領略人生的需求視為反抗我們的權威與世界觀的罪惡，就會增加他們受苦的重擔，還會灌輸他們有罪、活該被排斥的感覺。無論我們個人秉持什麼樣的道德規範與性別準則，都得接受孩子必定會找到方法發展出自己的一套標準。我們能做的，是盡己所能提供最佳榜樣，且不遺餘力地給予愛、支持和理解。倘若我們能體認到那條蛇也是耶和華所造，不得嚐禁果的指令讓所有青年都有動力去追求自我潛能，並在生活中占有應得的地位，我們最終可以不像創世記裡的耶和華那樣不友善。如此一來，我們便能協助孩子認識到，就算在伊甸園的圍牆外，最終仍能在內在、情感與精神層面上找到統合與平靜。

佛陀動身求道：夢想這條路，跪著也要走完

佛陀的故事在西方世界和它在東方一樣有意義。無論我們相不相信佛陀的生命是歷史事實，佛陀都是個神話般的人物，接下來要說的這個故事片段——回顧他的誕生、童年與天命召喚——既動人又深刻，談的是：富有同情心的人會設法理解內心的召喚，並且使自己踏進更廣大的世界。

佛陀的誕生非常不可思議。在成功受孕的那一刻，整個宇宙經由種種奇蹟展現它的喜悅——無人彈奏的樂器自動響起樂音，河川停止流動以便凝視他，所有植物樹木全都開滿了花朵。這個孩子生在一個王室家庭，分娩時沒讓他母親受一點苦。出生後他立刻能走路。他的腳最初踩在大地上的那個地方出現了一朵蓮花。他被取名為悉達多（Siddhartha）。他的母親在他出生後第七天含笑入地，隨後他母親的姊妹成了很疼愛他的養母。因此，這名年輕王子就在愛、喜悅與慷慨大方中度過了童年。

悉達多王子十二歲時，國王召來一群婆羅門僧侶。他們預言，假如王子看見年老、疾

病與死亡的可憐相，就會獻身於苦行。國王希望他的兒子能繼承王位，而非成為隱士，因此下令在附有廣大美麗庭園的豪華宮殿外，設置嚴密守護的三重城牆。宮內眾人也不許提及「死亡」和「悲痛」等字眼。

悉達多一成年，國王認為綁住他兒子最穩當的方法莫過於讓他成家，有自己的家庭生活。悉達多因而迎娶一位大臣的女兒為妻。這名年輕的新娘很快便有了身孕。可惜，儘管他父親做了種種努力，悉達多的天命同樣迅速地在他內心甦醒。音樂、舞蹈和美麗的女子再也無法感動他，反而向他昭示人類生活的虛榮浮華與轉瞬即逝。一天，王子召來他的侍從武官，說他想去拜訪百姓居住的城鎮。國王下令整個城鎮要打掃布置，凡是醜陋或令人沮喪的景象都不能讓王子看見。但是這些預防措施全都無效。當他騎馬穿過街道，悉達多看見一個顫顫巍巍、滿臉皺紋的老人因年事已高而氣喘吁吁，少了拐杖就幾乎無法走路。悉達多在震驚之餘得知，老弱是人度過餘生必然會發生的命運。回到王宮後，他問眾人有沒有方法能不要變老，但是沒有人能回答他。不久，他再次造訪這個城鎮，這回偶然遇見了一個因不治之症而痛苦不堪的婦人，接著看見一列送葬隊伍，因而知道有受苦與死亡。最後，悉達多碰到一個行乞的苦行者，對方說自己捨離了這個世界，超越苦樂，內心終獲平靜。

這些經驗和他自己的冥想，讓悉達多認定他應該捨棄自己舒適、自我放縱的人生，成為一個苦行者。他求父親讓他走。可是國王想到自己將所有希望寄託在這個心愛的兒子身上，卻將要失去他，巨大的悲傷讓國王難以承受。國王下令將戍守宮殿城牆的衛兵人數加倍，還安排了持續不斷的各式娛樂，防止年輕王子思考離開的事。悉達多的妻子產下一名男嬰，但就連喜獲麟兒也無法阻止王子追求他的使命。一天，他下定決心。他看了睡夢中的妻兒最後一回，便轉身走進夜色中。他騎上駿馬，喊來侍從武官。眾神同謀，確保衛兵全都睡著，那匹馬兒的蹄子不發出任何聲響。悉達多在城鎮的大門前將駿馬交給侍從武官，彼此道別。此後不再有悉達多王子，因為佛陀已經展開他靈魂的真正旅程。

故事告訴我們的事

從童年家園通往未來命運之路的旅程，通常不會要求我們放棄生命的喜悅去交換苦行——儘管有宗教信仰的人可能會遵循這樣的道路。不過，這則故事中藏有許多和你我相關的主題。悉達多王子就像許多孩子，身上背負著他父親所有的希望與夢想，國王希望這男孩能繼承王位。同樣地，為人父的人也許會嚮往兒子能繼承他的事業，或選擇和他一樣的職業。悉達多的父親內心深處並不希望他的孩子體驗人生，因為超越父母控制勢力範圍外的生活會改變我們，還會喚醒內在需求與特性。那些是個人獨有的，卻未必符合父母的願望。國王尤其不希望悉達多遭遇生命的苦難，因為這代表在內心最深層有所成長。假如王子能保持孩子般的天真，他父親就能塑造、影響他，並且將他留在家中。父母的這類夢想本身並不是消極或邪惡的，但它們終將徒勞。每個年輕人都是獨立個體，如果希望內心平靜，則他們各自獨特的認同必須被實現。

就連婚姻及親子關係都無法阻止悉達多踏上旅程。這是許多年輕人必須學習的一堂艱難課程。假如我們建立自己家庭時年紀太輕，因而無法認識到我們是誰、要往哪兒去——特別是如果我們奉父母之命，或為了取悅他人，或為了確保安全而選擇這個伴侶——那麼人生遲早會召喚我們走上另一條路。分離的痛苦與悲傷可能會伴隨內在熱情成為他自己。

身為父母，在孩子知道自己是誰、他們想要什麼之前，不要對孩子施壓要他們「定下來」，這樣做可以幫忙他們對抗這種司空見慣的經驗。我們愈是努力留住孩子，最終在他們設法離開我們時，就會帶給他們更多痛苦。此外，身為子女，我們必須忍受父母的怒氣與失望，以免後來因背叛自己的靈魂而造成更大的傷害與失望。倘若悉達多的父親不曾執意用婚姻綁住自己的兒子，至少悉達多就能免於經歷與心愛妻兒的不幸分離。但是，這對妻兒不屬於他自覺注定要踏入的那個世界，而是他父親的世界的一部分。可惜悉達多無法既追求他內心的呼喚，同時又仍舊是他父親的孩子、他妻子的丈夫，或他孩子的父親。

面對年輕人決心追求我們不贊同的特定志業，我們往往會報以嘲弄或憤怒——尤其是當那會將這個人帶離我們遠遠的，或是讓他接觸到我們一無所知的世界。的確，許多年輕人後來會改變人生方向，我們也不能指望十幾歲或二十出頭的年輕人篤定知道他們餘生想做什麼事。然而有些人就像悉達多，他們確實知道自己想要什麼。無論這個志向能持久或只適用於一段時間，假如它源自內心，任何家人、老師、朋友或顧問者都不該為了別有所圖而阻撓這個年輕人。悉達多追求的是精神志業，要求他捨棄所有塵世牽絆與享受。這個志向等同於玩音樂、繪畫或寫作，創立事業，環遊世界，成為醫生、會計師或農夫，或是與心愛的人結婚，建立家庭。重要的是來自內心的呼喚。這種情況也許未必會出現在每個年輕人身上，但是假如旁人反對的噪音沒有蓋過它的聲音，就比較可能被聽見。能夠與孩子好好溝通且能認識孩子個性的父母，不會像悉達多的父親那樣，預先決定好自己的孩子必須成為什麼樣的人，也不會在孩子違抗父母的期望時，象徵性地在城牆周圍布署衛兵，用拒絕或懲罰公然或暗地裡威脅孩子。

這則佛陀動身求道的故事中有著深沉的悲傷，因為他的父親、妻兒注定再也見不到他。然而，世上絕大多數的人相信，他們的終極救贖存在他做的這個決定當中，一個為了解救千千萬萬人而犧牲個人幸福的決定。但願鼓勵我們的孩子聆聽並遵循他們的心聲最終能致使父母與孩子的未來生活更加充實，有更廣闊的世界可以分享。悉達多的故事告訴我們，無論偉大或平凡，每個人都有自己的命運。如果我們準備聆聽和認識嗜好與志業的差異，在必要時放手，那麼不僅是我們的生命，還有許多其他人的生命都會更為豐富。

普瑞迪爾，艾佛洛克之子：追尋夢想中的自我

凱爾特（Celtic）神話中，普瑞迪爾（Peredur）的故事篇幅很長，源於黑暗時代，當時多神主義（paganism）和基督宗教尚未完全分離，而且這個故事最後和許多其他故事一起編織造就了聖杯傳說的豐富多彩。普瑞迪爾相當於法國的裴索維樂（Perceval）及德國的帕西法爾（Parzival），他最終尋得聖杯。但是目前我們關心的是整個故事的第一部：當年輕的普瑞迪爾主張自己有權踏入這世界，成為一個男人，此時他最先得面對的挑戰。

普瑞迪爾是艾佛洛克伯爵（Earl Evrawc）的七個兒子之一。他的父親與他所有兄弟全都在戰鬥中喪命。普瑞迪爾的母親在荒野中將他一手帶大，刻意讓他對戰爭和騎士一無所知。他甚至不知道自己父親的名字，更別提他父親的騎士身分。他的母親希望藉此把他留在身邊，她擔心自己會失去他，就像失去其他家人那樣。

普瑞迪爾最喜愛的娛樂是在樹林中漫步。有一天，三個騎士騎馬經過，向這名年輕人打招呼。他們的神情尊貴驕傲，身上的盔甲在陽光下閃耀著光芒，所持的錦旗與乘坐的鞍

黼色彩鮮豔，在在令他目眩神迷。等他回到母親身邊，問她這些人是誰。她很害怕，宣稱他們是天使，還說一個出身低微的年輕凡人企圖與他們談心並不恰當。

可惜這樣的欺瞞無法阻擋普瑞迪爾的人生走向。有一天，他走了很遠，看見湖邊有座城堡。一名年事已高的瘸腳長者穿著絲絨裝，坐在湖畔垂釣。老人邀請他同桌而坐，接著問他懂不懂得使劍打鬥。普瑞迪爾回答，「我不懂。可是如果有人教，我肯定能學會。」於是老人告訴普瑞迪爾，自己其實是他的舅舅，他母親的兄弟。

老人說，「把你母親教你的習慣、對你說的話全忘了吧。我會給你一匹馬，教你怎麼騎牠，幫助你晉升為騎士。」

普瑞迪爾立刻決定他想要成為騎士。翌日上午，他從舅舅那兒得到一匹馬，並得到允許繼續騎馬向前行。後來，他看見草地上有另外一座美麗的城堡。有另一名年邁的長者迎接他，邀他同桌，問他能否使劍打鬥。普瑞迪爾再次回答，「如果有人教，我想我可以。」於是這名長者給他一把劍，要他試試看。

接著這名老人對普瑞迪爾說，「年輕人，你現在只發揮了你全力的三分之二。當你能完全施展全部的力量，沒有人能贏得了你。我是你的舅舅，你母親的兄弟，湖畔老人是我手足。」這名長者教他如何使用那把劍。

隔天上午，普瑞迪爾取得舅舅的同意，再次騎馬前行，這回還帶著他的新寶劍。他來到一片林子，卻聽見林中傳來一陣響亮的哭喊聲。哭聲來自一個棕紅髮色的美女。她站在一匹馬附近，旁邊倒臥著一具屍體。每次她設法將屍體抬上馬鞍，它就跌落地面，最後她忍不住嚎啕大哭。普瑞迪爾問她發生了什麼事，她竟回答，「可惡的普瑞迪爾！少在那兒假好心。」普瑞迪爾問她為什麼要罵他是可惡的人，她說：「因為就是你害你母親喪命。當你違反她的期望騎馬向前行，還選擇變成騎士，接受你舅舅的指導，痛苦就緊緊揪住她的心，所以她才會死。因此你活該受詛咒。這具屍體是我已成親的丈夫，被住在這片林子空地上的某個騎士殺害。別靠近那人，免得你也被他殺死。」

普瑞迪爾答道，「別再悲痛嘆息了，我會埋了妳的丈夫，然後去找那個騎士，看看能否為妳討回公道。但是首先我得為我母親哀悼，因為我再也見不到她了。她的死讓我感到很內疚。」

等他追悼完畢，並將女子的丈夫安葬妥當後，他找到那名騎士，立刻打敗對方。那騎士向他求饒，普瑞迪爾說：「我可以饒了你，但是你必須娶這名女子為妻，因為她的丈夫被你殺了。此外，你必須前往亞瑟王（King Arthur）的王宮向他稟報，我為了對他表示敬意才出手打敗你。」因為普瑞迪爾最大的夢想就是投效亞瑟王麾下。

這名騎士照辦了這些吩咐。後來，經歷了許多其他的考驗與冒險後，普瑞迪爾終於獲准加入亞瑟王朝廷，成為他最喜愛的騎士。

故事告訴我們的事

普瑞迪爾決定離開母親、成為騎士的那種不帶感情的古怪作法，或許可以歸因為典型「青春的冷酷」（callousness of youth）。許多年輕人以那樣的方式凝視未來，否定過去，也否定嘗試盡力把孩子教好的父母。不過，這個故事談的遠比年輕人的忘恩負義多得多。普瑞迪爾的母親痛失親人，她的丈夫和所有其他兒子全都被殺害了，因而設法讓最後一個孩子對這世界一無所知，這絲毫不讓人驚訝。然而，無論她企圖約束兒子的作法多麼可理解，這世界一如往常硬擠進來。在此，是透過普瑞迪爾在林中遇見三名騎士的形式加以干預。普瑞迪爾從他們身上窺見的男子氣概是他苦苦尋找，但他母親企圖拒絕給他的東西。這些騎士的高貴威武中有他的未來，但他對那一點目前還毫無所悉。這些騎士也是普瑞迪爾的過去，他父親遺留的繼承物，因為他父親過去是個貴族騎士。隱藏在這個故事底下的是：每個兒子都需要在父親或代理父親身上找到男子氣概的榜樣。這迫切的心理必要性遲早會驅使這個年輕人拋下母親，追求他最終必定要成為的那種人。

普瑞迪爾在兩個年長的舅舅身上找到他童年時無從擁有的父親。他們兩人都承認他身為鬥士的能耐，也都在他追夢的路上出手相助，給他一匹馬（邁向世界的工具），還給他一把劍（為自己開拓一方天地，爭取權利與地位的工具）。對於一個離開家園的年輕人而言，叔叔阿姨、家庭友人、老師與其他年長的導師等人變得益發重要，因為他們不僅是代理父母，也是能引導年輕人理解更遼闊世界的人。父母必須認識到孩子需要這種外界的智慧，這一點極為重要。父母並不是孩子的一切，隨著孩子開始與外界的人物建立關係，接觸這些人提供直系親屬間找不到的觀點後，父母的教養角色也會產生變化。

到目前為止一切順利。普瑞迪爾的進展似乎得到祝福，沒受苦，也沒有失落感。他甚至沒想起被他拋下的母親——直到他遇上了另一個失去親人的女子，對方就像他母親，遭受喪夫之痛。年輕男子往往透過首度領會性吸引力，才能意識到自己對母親的真實感受。這名美麗的喪親女子不僅觸動了他的心，也讓他的良知感到內疚，她甚至還告知他母親的死訊。離奇知曉他母親死訊的這名女子其實就是他母親的化身。普瑞迪爾追捕那名殺害女子丈夫的騎士，是一種為自己父親的死復仇的行動。他願意冒著生命危險，表示他已經準備好迎接人生的考驗。他挺身捍衛這名女子，是一種向被他拋下的母親表示忠誠的姿態。

透過這種種舉動，他為過去贖罪，哀悼自己蒙受的損失，並完成第一場獲勝的戰鬥，這讓他有機會被亞瑟王的朝廷認識，進而獲得他渴望的男人世界的認可。

普瑞迪爾的這些人生早期經歷，告訴我們關於「離開家園」的什麼事呢？離開父母在某個層次就像死亡。雖然父母通常不會因為我們離家就死於心碎，但仍會有種什麼東西死去的感受。我們再也無法回到童年，普瑞迪爾母親的死象徵著這個殘酷的情感現實。在外在世界經歷的事會改變我們，並切斷我們與家庭在心理融合上的臍帶。假如我們夠幸運，能在離家後依然與父母保持充滿愛意的良好關係，當然，那會是已然改變的關係，因為我們如今已是成人，和父母平起平坐，準備好迎接我們的挑戰，甚至在必要時照顧我們的父母，如同普瑞迪爾設法協助那名女子並埋葬她丈夫屍首這些作為。普瑞迪爾的悲痛是一種生命儀式（rites of passage），想要成功完成從童年到獨立成年的旅程，我們每個人都得經歷這樣的事。普瑞迪爾在這次遭遇後失去了他的純真。他面對死亡、感受悲傷、造成傷亡，他再也不是他母親設法防範人生下的那個純真孩子了。

同樣地，承認孩子有權成為獨立的人、有自己命運的父母跟普瑞迪爾的母親不同。這些父母也許會發現，孩子成年後仍舊想要——自發且不帶壓力、欺瞞、情緒勒索或強加內疚地——回家拜訪，分享見聞，繼續打造一段豐富、有意義的成人關係。故意拒絕坦承自己的恐懼、失落與需求，卻嘗試阻止孩子與自己分離的父母，就像普瑞迪爾的母親，可能會遭受心碎的痛苦，不是因為青春的冷酷，而是因為分道揚鑣才是正確且必然的發展。我們必須承認，到了某個時候，外面世界能提供孩子我們自己無法給予的東西。假如普瑞迪爾繼續自外於生活，就無法變成他注定要成為的那種人，那是他與生俱來的權利——一個騎士及一個追尋者，努力追求象徵精神智慧的聖杯下落。這個故事告訴我們，無論父母多有權勢，都不能阻止生命實現自我。或許，也沒有任何父母有權嘗試這麼做。

第二章　爭取自主

成為獨立個體的過程，不只意味著我們將和童年說再見，也意味著要面對這世界，以及我們內心裡那些退縮、破壞、停滯與不願意克服現實生活限制的力量，並與之搏鬥。這場爭取自主的戰鬥，是每個年輕人都得面臨的生命儀式。而且在我們覺得有足夠的信心、衷心認為值得以最積極、有創意的方式表達我們是誰之前，可能得從十幾歲到三十幾歲，多次在不同層次上去爭取它。你無法在這個生命儀式上作假。它也許難以察覺，會以無法立刻意識到的形式作為戰場。但是如果迴避自主的挑戰，我們會永遠易受傷、不成熟、脆弱。只要人生遭遇一點輕微的失望，就會使我們脆弱的防衛破滅。

齊格菲：積極探索世界

從德國到冰島，齊格菲（Siegfried）這個偉大人物在日耳曼民族神話中非常出名，是北歐英雄的完美典範。他在北歐神話故事中叫做齊格爾（Sigurd），其英勇事蹟是世上某些最出色史詩的書寫主題。在此摘選的故事片段是關於年輕的齊格菲與守護尼布龍根黃金寶藏的巨龍法夫納（Fafnir）之間的戰鬥。

齊格菲是齊格蒙（Siegmund）與其姊妹齊格琳得（Sieglinde）亂倫產下的孩子。儘管這對兄妹的結局悲慘，齊格蒙仍留下一把厲害且美麗的寶劍給他未曾謀面的兒子。然而這把劍斷了，若能修復，它必戰無不勝。成了孤兒的齊格菲被尼布龍根族（Nibelung）的矮人迷魅（Mime）撫養長大，後者心不甘情不願地照顧他，盼望這個身強體壯、勇敢的青年有一天能找到力量殺死巨龍法夫納，奪回很久以前被天神沃坦（Wotan，也就是奧丁）從尼布龍根族偷走的大量黃金寶藏。屆時迷魅打算殺了齊格菲，將黃金據為己有。

但是眾神偏愛齊格菲。有一天，他穿越森林時聽見一隻鳥兒歌唱，發現自己竟然懂得牠唱些什麼。鳥兒警告說迷魅想殺他，還告訴他原因。齊格菲回到迷魅的鐵工廠，對這件新發現的事隻字不提。他耐心等候時機到來。不久之後，迷魅要齊格菲重新打造他父親的劍，他遵命照辦，將自己的氣力與耐性都投注在這件差事上。迷魅告訴他，有大量黃金藏在某個洞穴深處，由沉睡的巨龍法夫納看守。在這些寶藏當中，有一枚尼布龍根的指環，它具有許多力量，是迷魅最為垂涎的珍寶。這矮人接著指示齊格菲把寶藏帶回到他身邊。可是齊格菲已經聽夠了矮人內心種種背信忘義的念頭，於是用那把寶劍殺了他。

這名年輕英雄隨即出發尋找巨龍法夫納。這頭龍過去曾是個巨人，雖然不是很聰明，但身形極度龐大且駭人。法夫納借助這枚指環的力量，把自己變成一頭巨大、令人厭惡、身上覆滿鱗片的生物。這條龍總是在睡覺，始終陶醉於埋在牠蛇般環狀身體下方的黃金夢。起初透露迷魅心中歹念，讓齊格菲知道的那隻鳥兒如今引領這個青年來到這處洞穴，齊格菲揮動他的寶劍，殺死巨龍，找到黃金寶藏。但是，錢財珍寶的誘惑對齊格菲起不了作用，他只從眾多寶藏中帶走兩樣物品：一頂能讓他隱形的頭盔，以及尼布龍根的指環，此時他還不知道它有何能耐。就這樣，他展開了一連串的冒險。

故事告訴我們的事

齊格菲就像許多神話英雄，他不認識自己的父母，也不了解自己的真正潛能。他僅有的一切是一把斷劍，繼承自他出生前便已喪命的父親。雖然這把劍必須被重新鍛造，卻是世世代代流傳的力量與勇氣的遺產。我們也會從父母與祖父母處繼承天賦，但我們必須根據自己的價值觀與能力去塑造它們，才能以自己的方法運用它們，進而追求自己的命運。齊格菲也像許多神話英雄置身危險中，一個奸詐的人想利用這個年輕人的力量遂行其目的。這場與敵人的初次衝突，反映出齊格菲提早領悟到：不是全世界都站在我們這邊。如果我們想要在人生大有進展，就必須意識到嫉妒、卑鄙與惡意破壞等現實——無論在家中、在學校、在工作場合，或是在我們內心。

齊格菲在聆聽鳥兒歌唱後，才意識到這種自我保護的必要。這種奇特的情景對我們有何意義？鳥鳴是大自然的聲音，本能警告我們身處危險中，並指出當追求探索的時機來臨，哪條道路才是正確的。只要願意花時間聆聽，也許我們全都有能力理解本能的聲音。因為齊格菲停下來聆聽且對鳥兒的智慧抱持開放態度，使他不僅得知黃金藏在哪裡，也知道為了生存，他必須與誰戰鬥。

他出於自衛殺死迷魅，否則那矮人就會取他性命。我們通常不必為了實現自主而殺害任何人，但是殺死迷魅這件事在象徵層次上，暗示我們必須願意無情地擺脫那些希望我們不幸的人。這對任何年輕人都是艱難的一課。除非成長過程中曾經歷磨難，否則我們都會懷抱理想，相信所有門扉都會聽我們指揮、為我們敞開，並假定所有人都很善良，都會愛我們。這既是青春的禮物，也是青春的缺點。可惜我們就像齊格菲，遲早都要知道這世界是愛與恨並存。因此，儘管有些人很慈愛，有些人卻不是如此。

巨龍法夫納很奇特，半是巨人半是龍。這個角色象徵人類的貪婪與懶惰。光是擁有黃金寶藏就讓法夫納很滿足，牠無意運用它作惡或為善，僅僅希望把它攬在懷裡。法夫納不像許多龍那樣狂暴危險，牠是虛耗、未使用的力量與潛能的象徵。黃金代表價值與精力，這頭龍象徵著人性的怠惰、懶散、貪婪與停滯。牠滿足於睡在這些珍貴的閒置資源上，什麼也不做，哪兒也不去，任由這些生命的力量休止不動。齊格菲消滅這條龍，釋放了這些潛能，讓它們再次流入生命中。

但是這個英雄並不想要巨大的財富，也不想要這些黃金能買到的東西，因為他已通過種種考驗，知道本能的智慧，迎戰過人性惡意，也重新取回且恢復他的傳承——給他獲勝力量的那把劍。但是他也發現了其他東西，那就是誠信正直。齊格菲知道自己看重什麼，絕不是任意奢侈與世俗權力這些黃金寶藏能給他的東西。他只選擇能隱身的頭盔和尼布龍根的指環。他不知道它們的來歷，他選擇它們，是因為覺得它們很美，也因為本能告訴他，它們比任何金幣或黃金裝飾品更有價值。

這些物品極為重要，因為它們具有神奇的力量。隱身頭盔是個古老的象徵，它也曾現身於希臘神話中。在那裡，它是冥府神哈得斯的所有物，凡是戴上它的人，就能匿跡隱形穿梭人世間。它是俗世智慧的象徵，有了它，我們知道何時該保持靜默，從生活中觀察學習，而不必將自己的觀點、願望與意見強加在他人身上。它也象徵知曉與保守祕密的能力，少了這種能力，我們仍舊是個孩子，總是對任何願意聆聽的人脫口說出我們所思所感的一切。

至於尼布龍根的指環呢？全部書卷探討的都是它的意義，這枚代表無上權力的黃金指環不僅在條頓民族（Teutonic）與古北歐人（Norse）的神話中出現，也現身在托爾金（J. R. R. Tolkien）的二十世紀經典巨著《魔戒》（*The Lord of the Rings*）裡。尼布龍根的指環最初來自水域深處，象徵人類靈魂深處天生的魔法與力量。它先是被矮人阿貝里希（Alberich）偷走，以求獲得控制這世界的力量，後來又被偉大的天神沃坦竊取。這枚指環兼具創造與奴役他人的力量。它是從無意識的深處奪取力量，再打造成一件能用來作惡或為善的工具——因為那就是人類聰明才智與創意靈感的力量。阿貝里希打算用它為非作歹，迷魅也想做同樣的事。沃坦沒有作惡的念頭，而是想滿足自己的虛榮心，卻在不知不覺間啟動了邪惡。然而，齊格菲只是因為它很美才想要這枚指環。他還不清楚它有什麼用途。最終，它使他走向悲劇。但那是後來的事，而且得歸咎於他自己的愚蠢。目前我們只需要記得這枚指環包含人類創造力與領導力的所有潛能。這些全都可以在每一個年輕人身上找到，前提是得先征服那頭懶散、毫無作為、渾渾噩噩的龍。

無名美男：我是誰？我從哪裡來？我要到哪裡去？

神話中的英雄代表人類有股衝動，想離開平淡無奇、安全的熟悉環境，進而邁向未知，甚至危險的領域。在亞瑟王的故事中，騎士艾朗（Knight Errant）遭遇許多危險，但是他必須面對的兩大危險事物是不名譽和死亡。換句話說，他冒著生命危險追求他應該做到的理想。以下這則故事的英雄是甘格蘭（Guinglain）。一開始，他就像普瑞迪爾與齊格菲，並不知道自己的名字，也不曉得自己的父親是誰。他母親獨力撫養他長大，因為他長相極為俊俏，就叫他「帥兒子」（Fair Son）。

成年後，甘格蘭離開和母親同住的家，騎馬前往亞瑟王的宮廷。他大膽闖入王宮大廳，要求國王恩賜他請求的一切。亞瑟王覺得這年輕人自信又天真的奇特混合很有趣，便同意了。因為這青年沒有名字，卻有一張英俊討喜的臉蛋，亞瑟王管他叫「無名美男」（Fair Unknown）。

此時有另一個陌生人出現——一個名叫海莉（Helie）的少女。她懇求亞瑟王派騎士去拯救她的女主人，威爾斯女王金髮艾絲莫麗（Blonde Esmeree）。有兩個邪惡的巫師將艾絲莫麗變成一條龍，而破解魔咒的唯一方法是一個吻。甘格蘭立刻自告奮勇。而亞瑟王因為與這青年有約在先，便同意他的請求。起初海莉覺得很煩躁，因為亞瑟王竟然派一個沒有經驗，甚至連名字都沒有的小夥子執行這樣重要的任務。她怒氣沖沖地騎馬離開，甘格蘭費了好大的勁才趕上她。

不過，隨著無名美男證明自己是個勇敢又聰明的夥伴後，海莉很快就改變了想法。他在危險淺灘（Perilous Ford）戰勝了一個凶狠好鬥的騎士，從兩個巨人手中拯救了一名女孩，並打敗了襲擊他的另外三個騎士。接著，海莉與無名美男來到黃金島（Golden Island）。此地出入都靠一條堤道，而堤道則由一名難以對付、想娶黃金島夫人為妻的騎士嚴密戍守。雖然這位夫人並不愛他，但是她承諾，只要他能守住這條堤道滿七年，她就願意嫁給他。這名騎士已在此成功戍守了五年，只消看看長釘上成排斷首，就知道他的戰鬥力。然而甘格蘭毫不耽擱地上前挑戰，交手，殺了那個騎士。

黃金島的島主是個美得令人屏息的仙女，名叫柔荑夫人（Maiden of the White Hands）。她住在一座水晶打造的宮殿，坐落在充滿辛香植物與花卉的庭園中，園裡終年開滿了花。這個仙女愛慕甘格蘭已久，不過他並不知情。她歡迎他來到島上，並向他告白，希望能嫁給他。甘格蘭也傾心於她。可是海莉提醒他身上負有任務。翌日清晨，他們悄悄離去。

那天晚上，他們抵達一座城堡，當地習俗是打敗城主就能換得一夜住宿。甘格蘭在比武中輕易勝出，城主熱烈歡迎他們。翌日，他帶他們來到荒廢的瑟瑙頓（Senaudon），海莉的女主人金髮艾絲莫麗就是被囚禁在此處。城主提醒甘格蘭，在此城受到任何接待，必須報以詛咒。

瑟瑙頓城曾經無比輝煌，但如今它殘破零落。甘格蘭騎馬穿越一扇故障的城門，經過傾頹廢棄的塔樓，最後終於抵達王宮。蒼白的吟遊詩人在燭光照亮的窗戶內彈奏樂器，並出聲招呼他。但是甘格蘭謹遵指示，詛咒對方以為回應。他走進大廳便遭到斧頭攻擊——然而他卻看不見那些揮動斧頭的手。接著，一個身形高大的騎士騎著一匹噴火馬出現。雖然甘格蘭非常害怕，卻勇敢地與對方交戰並殺了他，結果這名騎士的屍體卻在甘格蘭眼前不可思議地腐爛了。

那些吟遊詩人紛紛帶著他們的燭火逃走，留下甘格蘭獨自待在黑暗中，他想著美麗的柔荑夫人，企圖振作自己的精神。接著，一條可怕的噴火大蛇在黑暗中朝他滑行而來，吻了他的雙脣。一個神祕的聲音說：「你的名字是甘格蘭，你是高文（Gawain）的兒子。」他的探索終於有了結果。甘格蘭當場昏睡過去，精疲力竭卻大喜過望，因為現在他知道自己是誰了。

等他清醒後，大廳亮晃晃的，他身旁站了個美麗的女子，可是她不及柔荑夫人的美。這個女子是回復人形的金髮艾絲莫麗。她告訴甘格蘭，有兩個魔法師，馬蹦（Mabon）與艾弗瑞恩（Evrain）對她和這座城市施了魔法，想要迫使她嫁給馬蹦。魔咒將所有居民全都逐出城外。馬蹦就是騎著噴火馬的那個高大騎士，前一晚被甘格蘭殺了。而今她擺脫了魔咒，艾絲莫麗打算嫁給甘格蘭。

甘格蘭起初同意，但隨即發現自己還是想跟美麗的仙子柔荑夫人成親。他回到黃金島。他與仙子的愛情終於修成正果。仙子告訴他，從他出生至今，她一直守護著他。她知道甘格蘭會自願參與這場冒險，所以派海莉前往亞瑟王的宮廷。最後說出他的名字，向他揭露其身分的那個聲音，就是她。

然而，當亞瑟王要舉辦盛大的馬上比武大會的消息傳來，仙子知道她再也無法留住她的戀人。於是，甘格蘭在她的懷中入睡，卻獨自在林中醒來，身上穿著盔甲，旁邊有匹馬兒待命。他在比武大會上一再證明自己的英勇，並與尾隨他到那裡的金髮艾絲莫麗重逢。他們一起回到瑟瑙頓，很開心地發現居民都回來了。他們在那裡成親，並在盛大慶祝中加冕為國王與王后。

故事告訴我們的事

無名美男的故事描述尋找身分。它告訴我們，唯有忍受危險與困難，才能發現真正的自我。在故事開頭，甘格蘭就像大多數年輕人，不知道自己是誰。為了尋找自我，他必須面對許多危險。每個人在日常生活中都得離開安全的家園，獨自從事新活動。在許多神話裡，為了戰勝邪惡，與龍交戰是必要條件。龍往往是人類貪婪、混亂與破壞的象徵。牠們會吞食出現在自己面前的任何生物，並且用烈焰毀滅一切。可是，甘格蘭的任務並非殺掉這條龍，而是親吻牠以破解魔咒，讓這座城市恢復生機。這暗示在對抗內心破壞時，熱情與理解所能成就的遠多於怒氣或壓抑。邪惡的巫師馬蹦與艾弗瑞恩代表一股反生命的力量，鼓勵停滯與墮落。他們將居民趕出城市，讓城市變得麻木。至於那些拿著燭火，熱切歡迎甘格蘭的吟遊詩人則是行尸走肉。這些人的心已經死去，充滿絕望與憂傷。馬蹦的心也已死去——他的心裡沒有愛，熱情或喜悅——那就是為什麼他會立刻腐爛。

甘格蘭要征服的這些邪惡象徵不僅存在「外面」世界，也存在無名美男自己的內心。

年輕人若想在光天化日下贏得自己的一席之地，獲得內在認同感，過著充實且成果豐碩的人生，就必須與黑暗、破壞、倒退的衝動戰鬥。我們從這些巫師身上可以窺見，染上毒癮或犯罪會為年輕人帶來痛苦和無望。在許多悲慘實例中，這些年輕人就像女王與其城市被施了魔法，相信人生沒有希望，相信這世界是個糟糕乏味的地方。把這些反生命的力量全歸咎於「社會」或「政府」不足以解決問題，因為它們存在我們每個人的內心裡，而探索自己的身分定位則牽涉到誠實地面對它們，以及戰勝它們。

甘格蘭迎娶荒廢之城的女王，讓這個城市又活了過來，他自己則成了生命之王，而非死亡之王。他也贏得仙女的愛，透露他名字的正是她。古人相信，一個人的真名包含了其本質的精髓，而得到他的名字這份禮物表示甘格蘭如今知道真正的他是誰、是個什麼樣的人。他憑著勇氣與美貌贏得仙子的愛，然而最終是他的責任感，他對亞瑟王的忠誠，破解了她施加在他身上的魔咒。他娶了人類女王，治理一座人類城市，而不是與仙子同住，統領一處仙境。這是這個故事很重要的部分，因為迎娶一個真正的女人，而非一個幻想生物，甘格蘭才能實現完整的自我。他必須擺脫幻想的愛與生活，因為他該走的路不在花朵不斷綻放的誘人之地，而在人世間。仙子代表內心的死亡，如果甘格蘭留在她身邊太久，內心便會慢慢凋亡。畢竟，通往她領地的路可是有許多斷頭夾道。仙子的魔法島嶼是個想像國度，有別於現實，能帶領我們發揮潛在的創造力。她也是理想的象徵，給予我們邁向人生的誘因。理想能激勵我們去追求真善美，然而究其本質，它們永遠無法完全被實現。假如我們在想像的國度待得太久，可能會忽略需要我們投入努力與關注的外在世界。我們既需要理想，也需要現實感，因為每個人都必須接受自己活在此時此刻，也必須在身而為人的架構中找到自己的身分定位。

吉加美士與永生樹：不可能的追求

巴比倫的《吉加美士史詩》（*Epic of Gilgamesh*）是寫於四千年前的長篇故事，描述第一位偉大的神話英雄的英勇事蹟。吉加美士（Gilgamesh）和他後來的同伴一樣，象徵每個人勇敢的那一面，努力成為一個人，展開人生的戰鬥，定義自己在這世上的位置。在此，我們關注這個故事描述吉加美士如何決定他想要永生不死，進而出發尋找海底永生樹（Tree of Immortality）的部分篇章。不用說，他得知了所有人遲早都必須知道的事，而我們朝氣蓬勃的希望和抱負，常與這塵世的現實生活相牴觸。

年輕的吉加美士[2]和他的朋友恩奇杜（Enkidu）打過許多場對抗怪獸與惡魔的硬仗，總是凱旋而歸。但是恩奇杜激怒了偉大的女神伊西塔（Ishtar），她說服眾神，說恩奇杜必須死。當吉加美士發現這個最勇敢無畏、最親愛的戰友意外不公地喪命後，他哀痛逾

2編按：（蘇美）烏魯克王朝第五代國王，是被神化的路加班答（Lugabanda）和女神寧蘇娜（Ninsuna）之子。在美索不達米亞神話中，吉加美士是擁有超人力量的半神。

慖。不僅因為想念朋友而哀傷，更因為恩奇杜的死提醒他自己也是凡人，終有一天會死。

身為英雄，吉加美士無法只是坐著思考全人類的最終命運。他決定出發去尋找永生。他知道他的祖先烏塔納皮斯提（Utnapishtim）是諸神降下洪水懲罰人類時的唯一倖存者，也是唯一獲得永生的凡人。他決心要找到這個人，向他請教生死的不傳之祕。

在旅程之初，他來到一大群山巒腳下，此處由一個蠍人與其妻子負責看守。那個蠍人告訴吉加美士，不曾有凡人越過那些山巒，勇敢面對群山的危險。可是聽完吉加美士說明他的探索目的後，蠍人滿心敬佩地讓這名英雄通過。吉加美士摸黑走了十二里格[3]，終於抵達太陽神的住所。太陽神提醒吉加美士，探索是徒勞無益的，但是這個英雄不聽勸阻，執意繼續他的旅程。

最後，他抵達死亡之水（Waters of Death）的海濱。他在那裡遇見一名看守者，那是個手持麥酒壺的女子，她就像蠍人和太陽神，努力勸他打消探索不死之祕的念頭。這個麥酒女子提醒他，人生是用來享受的：

「吉加美士，你逛到哪兒去？
你不會找到你想找的物事。

眾神當初創造人類，
便將死亡分配給凡人，
把永生的祕密留給自己。
吉加美士，填飽你的肚子，
每天舉辦歡慶宴會。
日日夜夜，跳舞玩樂。
沐浴，關心握住你的手的孩子，
讓你的妻子取悅你。
因為這才是人類該做的事。」

可是吉加美士忘不了恩奇杜或他自己的最終下場。他繼續這趟異常危險的旅程，朝終點邁進。他在岸邊遇見當年洪水肆虐，摧毀絕大部分世界時，在烏塔納皮斯提的船上負責掌舵的那名老船夫，他吩咐對方載他橫渡死亡之水。但是這個船夫要他自行造船，叮囑他

3 譯注：league，舊時長度單位，一里格約等於五公里。

划船渡海時，千萬別碰到任何一滴死亡之水。吉加美士遵照指示行事，最後終於抵達洪水唯一倖存者居住的那座小島。

但是烏塔納皮斯提只是重複其他人已經告訴這個英雄的話：諸神早已聲明永生是他們專屬的，且將死亡的命運分配給人類。最後吉加美士終於放棄希望，打算要離開了。烏塔納皮斯提同情他，告訴他在死亡之水的海底有一棵珍奇之樹，具有使人返老還童的力量。吉加美士把船划到海中央，潛入海底，找到那棵樹，摘下一段樹枝帶回船上。他平安地回到陸地上，將自己的寶藏藏在一個大袋子裡，踏上回家的路。返家途中，他在一處池塘旁停下來沐浴更衣。此時有條蛇爬到附近，聞到永生樹無比美好的香氣，便帶走那截樹枝並吃光上頭的葉片。這就是為什麼蛇能夠透過蛻皮不斷更新自己。

英雄吉加美士跪倒在池畔掩面哭泣。此刻他終於明白大家告訴他的事是真的：就算最強大威武、最英勇的英雄也是人，也必須學習在當下開心過活，並接受必然的結局。

故事告訴我們的事

這則故事其實無須多加解釋，它的訊息很清楚，而且它與今日的關聯性並不亞於四千年前。吉加美士，這個戰無不勝的年輕英雄和人生不公平的典型表現打了個照面。他失去了朋友，唯一的解釋是，那是神的旨意。所有人遲早都會透過失去某個摯愛的人，首次窺見人生的殘酷面。那個人往往是我們的父親或母親，或是我們很敬愛的祖父母，但殞沒的也可能是同學或同事。也許，它要提醒我們注意的人類命運不是死亡，而是許多人活得很艱辛，因為遭逢疾病或困苦環境而打亂了一個人的人生，迫使他拋棄自己的計畫與夢想。

吉加美士就像我們年輕的那一面，起初拒絕接受他的命運。畢竟他很特別，他是個英雄，征服眾多怪獸，在世上留下他的功績。當我們聽見他人的不幸，總會對自己說：「真可憐，但那不會發生在我身上！」年輕人追求自己的命運時總是充滿信心，感覺自己很特別。這是人生前半段的天賦，假如我們很幸運，也許能在人生的後半段以較低調溫和的形式保有它。但是，這種認定自己有能力可以征服任何事的堅定信念，終有一天會與現實相牴觸。吉加美士得到兩個看守者及他的祖先烏塔納皮斯提的警告，永生只保留給諸神。他對他們的善意提醒充耳不聞，還冒著很大的危險偷摘了一根永生樹的樹枝。吉加美士的故事遠比聖經創世記的故事古老，但是這名巴比倫英雄並未像亞當與夏娃那樣受到諸神的懲罰，而是由大自然本身幻化為蛇，溫柔地讓人深刻領會這個訊息。

這則古老故事當中藏有一個深刻的矛盾。我們就像吉加美士，在年輕時需要挑戰人生，測試我們對抗人生限制的能耐，而且如同吉加美士，我們可能時常得勝，達成許多目標。在青春年少時，膽小軟弱等同忽視人生的目的，而緊抓住童年不放以避免衝突，則是逃避人生而為人的終極命運。然而，儘管年輕人勇於挑戰人生的不公不義，並試探看似早有定數的事的作為是對的，但是我們可能會被提醒，最終有某些界限是不能跨越的。無論我們的宗教信仰或靈性派別為何，無論我們稱那些界限為神的旨意、人類極限，或僅僅「人生就是如此」，我們無法宣稱自己超越了人類。我們必須承擔適量的悲傷與喜悅、失敗與成功。能更新生命、返老還童的永生樹在每座健康農場或醫美診所向眾人招手，而許多人會在滿三十歲之前開始尋找延長青春的方法。或許這是恰當的，也是必要的。但是吉加美士的發現是抵達成熟的一個重要分水嶺。凡是能認識自己的潛能且能接受世俗挑戰的人都是真正英勇的人，每個人在自己的天分與個性限制下都有這種能力。凡是能做到這一點，同時能謹記，無論人生有時如何看似不公平，都必須尊重限制，以及人生就是活在此時此地，這樣的年輕人就是已經真正成年了。

第三章 尋求意義

尋求意義對年輕人的含意不同於年長者。年輕力壯時，我們試圖定義自己是誰，是什麼樣的人，並尋求能反映個人目的與命運的獨特感覺。我們可以從世俗成就、愛，還有帶給我們快樂的事物中尋得意義。然而，意義多半不是來自有意識地追求更深入理解人生，而是來自過去不曾知道的人生面向經驗。換句話說，意義對年輕人而言，通常是經歷某種經驗的結果，並非有意識探索的目標。年紀漸長後，我們會更加意識到自己是更大整體的一部分，只是在短暫時光中參與世世代代的延續。對年長者來說，意義存在於自發地探索生命更深層次的奧祕，以及能產生同情、超然、察覺精神本質的完整感中。當外在世界的吸引力消散後，意義通常會被當成有意識的目標來追求。但是，意義對年輕人來說往往是非常自我中心的事，如同它應有的樣子——是一道模糊卻具吸引力的光，為生活帶來魔法、熱情、動力和方向。

維內莫伊嫩與魔法神器：當理想幻滅

維內莫伊嫩（Vainamoinen）是偉大的芬蘭史詩《卡列瓦拉》（*Kalevala*）的主角。他是個半人半魔法人物，卻像凡人般能感受痛苦。在此我們看到他企圖製造一個魔法神器，為自己贏得他中意的女子。最後結果證明，神器本身遠比那名女子更為重要。維內莫伊嫩犯下的錯誤和他的勇氣告訴我們，雖然我們以為自己想要某個東西，卻可能發現自己有責任去尋找另一個東西。

天空之女（Virgin of the Air）的兒子維內莫伊嫩想要娶一個美麗的拉普[4]女子為妻，但是她寧可投海自盡也不願嫁給他。維內莫伊嫩既灰心又喪氣，他離開家園，四處遊蕩了好一段時間。然後，他決定從遙遠異鄉討個妻子回家。那塊土地的女統治者蘿熙（Louhi）承諾，只要維內莫伊嫩能打造出山姆波（sampo）這個魔法神器，為當地帶來永恆的繁榮，就把自己的女兒，一個舉世無雙的美麗少女許配給他。維內莫伊嫩受到這個允諾的鼓舞，著手鑄造神器。但是他很快就厭倦了規畫、備料與辛苦工作，於是拜託友人鐵匠以馬里嫩（Ilmarinen）為他製造山姆波。以馬里嫩做出了山姆波。誰知道蘿熙的女兒看見這個神器與其創作者的精湛技藝後，決定要嫁給這個鐵匠。維內莫伊嫩因而再次遭到拒絕，還是娶不到老婆。

可是他朋友的婚姻很快就因意外而結束，原本該是維內莫伊嫩配偶的以馬里嫩之妻被熊吃了。隨後鐵匠要求迎娶蘿熙的次女，當他遭到拒絕，便強行擄走這個女孩。等他一轉身，她就躡手躡腳地溜走，和另一個男人發生了關係。以馬里嫩羞愧難當，跟維內莫伊嫩嚼舌根說他們的山姆波為那片土地帶來何等繁榮富庶，還聲稱維內莫伊嫩應該讓它為他自己和他的人民所用，而不是讓他朋友陷入如此不幸的境地。這番話聽得維內莫伊嫩又氣又愧，擬訂計畫準備偷走山姆波，它如今被藏在一座隱密的小島上。

維內莫伊嫩乘船航向那個島嶼，沒想到船隻意外撞上一條巨大的魚，差點沉沒。維內莫伊嫩殺了那條魚，用魚骨做成一把奇妙的樂器，那是具有神奇魔力的五弦達西莫琴（dulcimer）。維內莫伊嫩靠著這把樂器讓山姆波的守衛全都睡著了。接著他偷走這個神器，揚帆離去。可惜這些守衛太快醒來，而此地的統治者蘿熙召來一場駭人的暴風雨。在這過程中，維內莫伊嫩的神奇樂器被海浪捲走，山波姆也被摔碎。他只能從水中救出散落

4譯注：Lapps，居住在拉普蘭地區的人，現今通稱薩米人。拉普蘭指歐洲最北部地區，包括挪威、瑞典、芬蘭的北部。

的碎片。等他再度抵達家園，卻發現即使只有這些殘破的碎片，也足夠確保自己的土地與人民享有相當程度的繁榮富強。儘管憤怒的蘿熙隨後發動一連串的禍害摧殘維內莫伊嫩的人民，甚至將太陽和月亮關在大洞穴中，維內莫伊嫩仍舊占上風，他的領土一切平安。

故事告訴我們的事

這個奇怪的故事充滿魔法，向我們展現某些典型的青春困境。我們想在人生中追尋什麼？我們相信什麼能使我們幸福？對大多數年輕人來說，如同對維內莫伊嫩而言，最初的主要動力是找到對的伴侶，彷彿只要發現完美的愛情，就能解決所有的問題，也就能找到自己在這世上的位置。

維內莫伊嫩被他最初愛上的女子拒絕了。接著他決定離開家園，想從陌生異鄉討個老婆。截至目前為止，對故事主角和許多人來說，意義體現在漂亮臉孔與感官愉悅的承諾中。我們受到自己相信是命中注定的事物所驅使，但其實真正的動力是我們受挫的夢想，以及情感與物質滿足的需求。維內莫伊嫩並不真的認識或愛蘿熙承諾要許配給他的那個女子。可是她面貌清秀，家世顯赫。他被要求製作一個山姆波——因為他具有法力，可以輕鬆完成這件任務。然而他不想自己履行這個任務，便拜託朋友代打。結果蘿熙的女兒愛上了這個神器的製造者，維內莫伊嫩再次遭到拒絕。

許多人在生命的前半段都曾經歷過這種典型的情場失意，而史詩《卡列瓦拉》卻是以簡潔、直截了當的方式呈現它。維內莫伊嫩年輕、自我中心且不負責任，結果被打臉，若非確實如此，至少是比喻的。如果他想要找到意義與目的，變成注定要成為的真英雄，就必須把眼光放遠，看得比「對的」妻子更遠，同時要做得比期待他朋友提供答案多更多。正是這個朋友，痛苦的鐵匠以馬里嫩提供了維內莫伊嫩更重要的目標：偷走那個神器（畢竟那是故事主角所設計），把它帶回家，為自己的家鄉創造榮景。維內莫伊嫩如今開始體認到自己屬於一個更廣闊的世界，除了自己以外的其他人（即他的人民）也很重要。以馬里嫩在某個層次上是主角本身的黑暗面——他表現出年輕人特有的憤憤不平，他的渴望受挫帶來失望，他的遠大夢想與理想陷入往好裡說是妥協，往壞裡說就是破滅。此外在更深的層次上，以馬里嫩悲傷的婚姻與失落提醒我們，如果創作只是為了贏得愛情與肯定，我們的作品最後可能無法帶給我們快樂，甚至可能遭到其他人自私自利地運用，如同我們也那般利用它們。

一旦維內莫伊嫩決定要偷山姆波（史詩《卡列瓦拉》從未告訴我們山姆波究竟是什

麼），事情突然開始有利於他。他意外殺死的大魚本身帶有魔法，提供素材讓他製成可使敵人入睡的神奇樂器。這是個奇特的神話景象，意味著如果我們能好好把握機會——就算在看似不幸或危險的情況下——從中創造出獨特的事物，便能在追求意義與目的上往前邁進。

蘿熙的復仇是可預期的。就算是魔法英雄也無法指望事事都照他的方法走，而幾乎摧毀那條船的可怕暴風雨也摔碎了魔法神器。假如維內莫伊嫩不像個英雄，在這一刻，他無疑會放棄並在絕望中返家。但是故事主角確實是個英雄，因為他（還有我們每一個人）不願放棄。維內莫伊嫩在海水裡撈啊撈，仔細搜索並設法搶救山姆波的碎片，希望能將尚可的——儘管不是完全或完美的——繁榮富庶帶給他的人民。因此，這個英雄的理想做了讓步，他顯現的能力也還不完整，然而他發現了比原先驅使他離家的理由更深刻、更實際的意義。最終，讓維內莫伊嫩找到意義的並不是異國新娘，而是存在他著手創造、敷衍了事，隨後為自己重新贏回的魔法當中。他面對危險勇於爭取它，甚至在它受到無法回復的損害時仍肯定它的價值。這麼一來，每個年輕人都能找到內在目的與命運的感覺，就算情場失意、理想破滅、夢想幻滅也是如此。

帕西法爾與聖杯：擺脫家庭的過度保護

聖杯的故事綜合了包括凱爾特、條頓與中世紀法國文化等好幾種不同文化的神話與形象，形成一則動人的故事，探討發現、失落、奮鬥、同情與救贖。聖杯被詮釋成許多不同事物，從異教的生育形象到基督宗教的心靈救贖象徵。它在所有不同的形式中都象徵著生命更深層的意義。在此我們遇見帕西法爾（Parsifal）這個年輕人正在尋找意義——但是這項探索是不自覺的，而且發現的事物被搞砸了。我們在此看見，如果不知道自己正在尋找什麼卻要找出某個東西，會有多困難。

小時候，帕西法爾的母親設法讓他與世隔絕。他父親在他出生前便已戰死，他母親因為失去了一切，只剩下這個孩子，決心不要失去他。她把他藏在森林深處，不讓他知道自己是騎士之後，還有他父親曾在亞瑟王的朝廷效力。

但是帕西法爾的母親的確教他認識神，向他保證神的愛會幫助地球上所有人。因此，有一天他遇見一個英俊溫和的騎士遭人追逐至森林深處，帕西法爾只能猜想這個優秀的人就是神本人。雖然這個青年後來不再抱持幻想，但是遇見這個騎士喚起他追求自己命運的本能，他懇求母親讓他去外頭的世界闖一闖。

最後他母親終於同意，帕西法爾便穿著弄臣的衣服出發了。他母親希望這套服裝能招來眾人的嘲弄，讓這個孩子願意回到她身邊。雖然帕西法爾飽受訕笑，但是他仍鍥而不捨地堅持他的探索，還在適當的時候抵達古內曼茲（Gurnemanz）的城堡。這名貴族準備擔任這個小夥子的導師，傳授他騎士風範的規則。他脫下身上的弄臣裝，改掉傻里傻氣的行為舉止，古內曼茲教他禮貌，更重要的是，教他禮貌背後的道德觀念。古內曼茲對這個剛出道的騎士說：「千萬別失去你的羞恥心，別用愚蠢的問題對人胡攪蠻纏。」帕西法爾雖然仔細牢記這些金玉良言，但沒有真正理解這些話的意思。他學到了外在形式，卻沒能領會內在意涵。

後來，帕西法爾的遊歷在適當時候帶他來到一個遙遠的地方，那個國家杳無人煙、草木不生。在這片荒廢的土地上矗立著一座城堡，他在此地面臨成年後首次真正的試煉。然而，這是個他還沒有準備好的任務。城堡裡躺著一個生病的國王，因身體劇烈疼痛而不斷痛打床鋪。他是聖杯國王（Grail King），在未經允許的情況下追求世俗的愛，因而違反了聖杯社群守則。他受到的懲罰是鼠蹊部受傷卻無法痊癒，直到有個默默無名的騎士提出兩個問題才能終止懲罰。這個騎士必須先問生病的國王，「吾王，您哪兒不舒服？」城堡裡還有種種美妙的神奇事物，而聖杯本身則會出現在從外面世界隨意走進城堡的那些人面前。但是除非那個無名騎士提出「吾王，聖杯為誰效力？」這個問題，否則國王無法痊癒。這兩道問題就是救贖的關鍵，不僅能拯救生病的國王，也能挽救荒廢的土地。

可是當帕西法爾看見病懨懨的國王躺在床上，他只記得古內曼茲給的忠告的外在形式——好奇是無禮的，萬萬不可用愚蠢的問題騷擾他人——卻忘了該對受苦的人表示同情。於是他什麼也沒說。聖杯出現時響起了美妙的聖樂，由聖杯騎士抬著它緩緩走進來，一旁有少女守護，還有道來自天上的光打在它上頭。這個年輕騎士看得目不轉睛，卻因為怕自己看起來很蠢而緊閉雙唇，一句話也不說。接著一陣雷聲轟隆作響，城堡消失了，只聽見一個聲音說：「愚蠢的年輕人。你為何不問那些你該問的問題。假如你問了，國王就能恢復健康，他的四肢會再次強健，所有的土地也會恢復生機。現在你得在荒漠中遊蕩多年，直到學會同情為止。」帕西法爾太晚才領悟到自己的愚昧，他在寒冷陰沉的黎明中騎馬走進荒野，決心有一天要贏得恩准，再次看見聖杯。

故事告訴我們的事

帕西法爾可以是任何一個動身走進人生的年輕人。我們可以在他的家庭教育和個性中看見普瑞迪爾故事的再現，又一個根源於相同凱爾特傳統的故事。帕西法爾的母親很焦慮，因為她知道人生的結果並非永遠令人開心，她飽受痛失親人的折磨。她不想告訴帕西法爾人生會有哪些考驗、困難和獎勵，而是完全不讓他知道人生潛在的悲傷與喜悅。許多父母寧可不讓他們的孩子擔心人生的困難真相，因而設法掩飾有挑戰性的那些面向。他們拒絕承認自己的孩子可能會對性、毒品與酒精感興趣，對這類事物不提供任何教育，或設下硬性規定，卻沒有相應的說明與討論，等到得知孩子成癮或意外懷孕後，他們會很震驚。然而，誘惑總會以某種形式來到我們所有人身邊，而帕西法爾在森林遇見騎士後，發現在他母親庇護的領域外原來別有天地。

帕西法爾打算接受古內曼茲的指導，這是青春期很常見的主題。我們尋找家人以外的榜樣，幫助我們脫離家庭母體，形成我們自己的個性。可惜帕西法爾只是鸚鵡學舌般地模仿古內曼茲。他還太年輕，缺乏經驗，無法理解這個長者的教誨含意。這在一定程度上是因為他母親沒有提供任何穩固的基礎，讓古內曼茲的話能在他心裡扎根。唯有在父母樂於誠實分享自己的經驗，讓孩子的心田肥沃，他們在年少與成年初期獲得的知識才有助於建立堅實的自我意識。因此，帕西法爾離開古內曼茲的城堡時，空有資訊卻沒有運用資訊的智慧。他知道行為的準則，卻不了解其意義或目的。他至今還沒有嘗過失望或失落的痛苦，也沒經歷過任何艱難教訓，以從中學得同情。因此，面對生病的人痛得打滾，他能想到的是不要露出愚笨的樣子。受到聖杯異象的接待時，他只能悶不吭聲，避免說出任何聽來愚蠢的話。換句話說，他專注於自己在他人看來如何，因而無法回應他眼前的實際狀況。也因此，他沒能提出那兩個重要問題，還被趕了出去，這時他才領悟到自己的失敗，並決心有一天要挽回自己失去的事物。

帕西法爾沒能提出的兩個問題本身具有深刻的象徵意義，還告訴我們向外踏入生活時需要具備什麼態度。這些問題也告訴我們，該鼓勵孩子提出什麼樣的問題，才會讓他們有能力應付人生。

「吾王，您哪兒不舒服？」是帕西法爾必須詢問生病的國王的第一道問題，它體現了對他人真心感興趣及同情。所有人類行為與生活條件背後的理由可能和我們看見的表象截然不同。藉由提問可以發現，我們認為人生中不好或不可接受的事物，大多是人類軟弱與無知的產物，而非人類邪惡或次等的結果。我們所知愈少，就愈會評判他人，偏偏那些批評往往是不公正且錯誤的，因為我們不了解他們是如何陷入今日的境地。我們也無法理解自己的困境，直到我們能自問我們做了什麼，才會處於那種情形。提問是通往同情的重要道路。如果我們知道在同樣情況下自己也可能做出我們譴責他人的許多舉動，等到我們遇上人類大難，就不會覺得自己在道德上高人一等與自恃高尚。

第二道問題是，「吾王，聖杯為誰效力？」打從聖杯故事寫成，這個問題就讓學者困惑又著迷。面對任何好運——無論是年少得志，天賜的愛情，或具有重大價值及含意的心靈經驗——我們得問這份好運有什麼更高的目的嗎？其實，這是種宗教的態度，雖然它並不限於任何特定宗教派別或學說。這是種看待人生的方法，我們感受到某種更深刻的模式與目的。當人生看似提供我們免費的獎勵時，我們得看得比沾沾自喜更遠，尋思這份禮物有何更大的作用。這會將任何人生經驗轉化為有意義的東西，除去自我（ego）對它的掌控，讓我們分享自己的智慧、見解、創造力、才能與好運——雖不是由我們自掏腰包，但同樣也不完全是為了我們自己的利益。這種態度使生活變得神聖（sanctify）——sanctify這個字來自拉丁字根，意思是「使神聖化」。提出這類最根本的問題時，我們擴大了自己的視野，與更深更廣的整體產生連結。這是帕西法爾這個年輕的傻子做不到的事，往往也是年輕時的我們做不到的事，特別是假如幼年時我們未曾得到這方面的智慧或指點。帕西法爾必須在荒野中闖蕩多年，直到他透過受苦學會同情與謙卑，才能再次找到那座城堡，提出多年前他就該問的問題。我們在學會這些教訓之前，可能也得遊蕩很長一段時間。但也許靠著多一點智慧——無論身為父母或年輕人，開始探索人生——就能縮短那段時間，減少所受的痛苦。

帕修斯：以勇氣迎戰

帕修斯的故事談的是愛與勇氣戰勝了恨與恐懼，反映出神存在於其後代身上。代替摯愛的家人努力奮鬥、犧牲奉獻不僅能終結衝突，還能建立起持久的家系。不過，這名英雄並非有意識地追求此番探索。實際上，只有極少數的年輕人會意識到自己想找出人生的意義，多數年輕人注意到的需求是把事情做得更好。帕修斯為了拯救他不快樂的母親，動身前往遠方，但結果卻遠遠超過最初的出發點。

帕修斯（Perseus）是凡人女子達娜哀（Danaë）與偉大天神宙斯的兒子。有個女祭司告訴達娜哀的父親阿克利修斯（Acrisius）國王，有一天他會被外孫奪走性命。驚恐之餘，他把女兒軟禁起來，趕走所有追求者。可是宙斯是神，而他想要達娜哀。他化作黃金雨潛入拘禁她的牢房裡，他們結合的成果就是帕修斯。阿克利修斯發現儘管他採取防備，仍有了孫子，便將達娜哀與她的小娃兒裝進一只木箱中，再將木箱丟進海裡，希望他們溺死。

但是宙斯派和暖的順風將這對母子吹過大海，輕柔地送上岸。木箱漂到一座島上，被一名漁夫發現。統治這座島的國王收留了達娜哀與帕修斯，給予他們庇護。帕修斯長大後既勇敢又強壯。當他母親為了國王大獻殷勤而煩惱時，這名青年接受了這個討厭的追求者所拋出的挑戰，把哥爾根（Gorgon）女妖梅杜莎（Medusa）的頭帶回來給他。帕修斯接下這份危險的差事並非是要獲得個人的榮耀，而是因為他愛他母親，願意冒著生命危險保護她。

哥爾根女妖梅杜莎的面目極為猙獰，任何人只要看她一眼就會變成石頭。帕修斯需要諸神的協助才能征服她，而他父親宙斯確保他能得到這樣的支援。冥府神哈得斯借給他一頂穿戴後能隱身的頭盔，天界信差赫美斯提供他一雙帶有翅膀的涼鞋，雅典娜給他一把寶劍和一張特別的盾牌，擦拭得無比光亮後可當鏡子使用。有了這張盾牌，帕修斯無須直視梅杜莎駭人的臉孔便能看見她的影像，從而取其首級。

他把這顆巨大而醜陋的頭安全地藏在袋子裡，啟程返家。旅途中，他注意到有個美麗的少女被綁在海濱的一塊大石上，等待可怕的海怪取其性命。他得知她的名字是安卓梅妲（Andromeda），她母親冒犯了諸神，所以將她祭獻給那海怪。帕修斯受到她的困境與美貌觸動，愛上了她，於是利用梅杜莎的頭將海怪變成石頭，使安卓梅妲恢復自由身。接著他帶安卓梅妲回去見母親。殊不知他不在家時，達娜哀飽受心術不正的國王百般求歡所折磨，情急之下，跑去雅典娜的神殿避難。

帕修斯再次高舉起梅杜莎的頭，將他母親的敵人變成石頭。接著他把這顆頭顱交給雅典娜，雅典娜將它鑲嵌在自己的盾牌上，此後成為她永遠的標誌。他也將諸神給他的其他禮物一一歸還原主。從此以後，他與安卓梅妲過著平靜和諧的生活，並生育了許多子女。他唯一的遺憾是，有天參加一場運動競賽時，他丟出的鐵環竟然被一陣強風吹得很遠，意外砸中並殺死一名老人。這個人就是帕修斯的外祖父阿克利修斯，至此，這個老人一度企圖蒙混過去的神諭最後還是實現了。但是帕修斯並不怨恨也不想報復他，甚至還因為這樁意外死亡而不想再統治自己應得的王國。於是他和鄰居阿哥斯（Argos）國王交換國土，為自己打造了一個強盛的城邦邁錫尼。帕修斯懷著愛和榮譽，與家人在邁錫尼度過漫長的一生。

故事告訴我們的事

帕修斯的故事始於恐懼。阿克利修斯害怕女祭司的預言，企圖殺害自己的女兒與襁褓中的孫子。年長者恐懼青春少年的主題在神話中很常見，而阿克利修斯體現了長者有時會對年輕人抱持著負面態度。帕修斯的名字代表「破壞者」，描述他殺害梅杜莎的職責。可是，阿克利修斯看到的只是與自己有關的破壞。天神宙斯在這個故事中扮演好父親的角色，他守護自己的孩子，暗中指引保護這對母子，讓他們能保有性命。

達娜哀為宙斯所寶愛與珍惜，而她則是寶愛與珍惜自己的兒子，儘管她父親想方設法要害他們母子。帕修斯對這份愛的回應是，樂於為母親賭上自己的性命。當他母親因國王的猛烈追求而苦惱不已，帕修斯決定離開家園，去征服會威脅她安全的任何怪物。他非得邁入世界的動力是想保護對他很珍貴的人，而非尋求生命的意義。雖然他得到諸神相助，卻明智且謙遜地善用他們的幫助。斬首梅杜莎時，他足智多謀又勇敢。等他墜入愛河後，則毫不畏懼地阻止意中人的敵人攻擊她。雖然他離開了母親，卻利用母子間的正向人際關係展現勇敢的行為，不像普瑞迪爾、帕西法爾或甘格蘭，他們為了找到自我，就突然斷絕自己與家庭的關係。

帕修斯向來正派且有紳士風度，那是存在我們每個人心中的某種形象，能實現目標，卻不必讓無可非議的人受苦。他只懲罰那些應當受罰的人，永遠將榮譽歸於神且尊敬神。他歸還他們贈與的禮物，因為他知道自己是凡人，無權要求擁有神的特質。在故事的最後，他因為外祖父不幸喪命而放棄他合法繼承的王國，這個行為舉止很細膩。他能體諒阿克利修斯的恐懼侵蝕其內心，並不覺得自己非得復仇不可。也許這就是為什麼他能活得久，和母親、妻兒一起幸福地生活，這在希臘神話中可是很不尋常的事！

第三部
愛與人際關係

有人說，愛使世界轉動。神話中，敘述激情與厭惡、婚姻與分離、愛與較勁、性忠貞與通姦，還有同情的超然力量的故事數量，說明了愛在我們生活中有多重要。人際關係這個主題的任何歧異變化都能在世上的神話裡找到對應的傳說。此外，因為人類關係如此錯綜複雜，神話故事展現的道德觀同樣也是多方面的。世上沒有比「人為什麼會彼此吸引或厭惡」更令人費解的謎團，針對需要好好放鬆自己內心去述說的問題，我們往往會尋找簡單的答案。神話故事的愛與憂傷形形色色，有些帶有特別的異國情調。雖然這些故事當中，有部分會和許多人對人際關係的道德假設產生出入，但是關於愛的神話故事也能撫慰我們的不幸，為我們的困境指引明路，還能針對我們為何有時會在私人生活中製造兩難的處境，提出深刻見解。

第一章 激情與拒絕

情欲在神話中被描述成比任何其他力量都更強大，可以驅使人類與神做出違反自身意願的行動，但通常以悲劇收場。希臘人把它歸因於阿芙羅狄特的運作，用控制不了的激情折磨世間男女，為冒犯她的人帶來瘋狂與毀滅。然而，激情本身並非是負面或不道德的力量。它和力氣、勇氣、性能力，以及靈魂對美的反應一樣，反映出生命力本身的力量與頑強。因為它是神賜的，所以很神聖。神話告訴我們，凡人追求激情的方法和激情擊敗意識的程度才是痛苦、拒絕，甚至是災難的真正來源。

哀可與納奇索斯：自我中心的悲劇

這個悲傷的希臘神話故事敘述激情與拒絕，展現以牙還牙和報仇只會增加痛苦，卻無法帶來安慰。更重要的是，它暗示如果我們不認識自己，可能會窮盡一生透過自我著迷來尋找這種知識——這代表我們無法愛別人。

從前有個年輕人叫做納奇索斯（Narcissus）。他的母親[1]急於得知兒子的命運，便向盲眼先知狄瑞西亞斯（Tiresias）求教。「他能活到很大歲數嗎？」她問道。他回答說，「只要他不認識自己，就能活到老。」於是她努力確保這孩子絕不會在鏡中看見自己的倒影。男孩長大後出落得十分俊美，可說是人見人愛。雖然他從未看過自己的臉，但從眾人的反應猜想自己長得很好看。不過他無從確定，只能仰賴別人誇他長得多麼俊秀，才感到自信與放心。久而久之，他變成一個非常專注於自己事務的年輕人。

納奇索斯開始養成在林中獨自散步的習慣。這時他已經得到太多稱讚，開始認為沒人有資格盯著他瞧。林中住著一位名叫哀可（Echo）的仙女。她因為太多話而得罪了有權有勢的天后希拉。希拉在惱怒下奪走她說話的能力，讓她只能應和別人的聲音。即便如此，她也只能重複對方最後說的話。長久以來，哀可愛慕納奇索斯，尾隨他穿梭林間，希望他能對她說點什麼，否則她便無法說話。但是他全神貫注於自己的思緒，壓根沒注意到她在後方跟蹤他。最後，他停在林地池畔喝水，而她抓住機會讓樹木枝葉沙沙作響，吸引他的注意。

「誰在那兒？」他大喊。

「那兒！」傳來哀可的回答。

「過來這裡！」納奇索斯說，開始不大耐煩。

「這裡！」她一邊應和，一邊從樹叢間滑行出來，伸出雙手想擁抱他。

「走開！」他憤怒地喊道，「妳這樣的人休想染指俊秀的納奇索斯！」

「納奇索斯！」哀可傷心嘆息，滿懷羞愧地悄悄離開，默默向諸神祈禱有一天這個驕傲的年輕人會明白無望的愛是怎麼回事。諸神聽見了這個祈願。

納奇索斯轉身面對池塘準備喝水，卻看見他這輩子見過最秀麗的臉龐。他立刻愛上了

1 編按：納奇索斯的母親是山泉仙女萊里奧貝（Liriope），父親是河神西非塞斯（Cephisus）。

眼前這個美得令人目瞪口呆的青年。他微笑，那張俏臉也報以笑容。他俯身靠近水面，親吻那紅潤雙唇，可是他的觸碰破壞了光滑的表面，那俊美青年像夢一般消失了。他一後退，等候水面靜止，影像才又回來了。

「別用這種方式鄙視我！」納奇索斯懇求那影像。「其他人可是愛不到我。」

「愛不到！」哀可從樹叢間悲痛地嚷道。

納奇索斯一次又一次把手伸進池水，想擁抱那迷人的青年，但每一回那影像彷彿嘲弄般消失無蹤。納奇索斯持續好幾小時、好幾日、好幾週凝視水面，不吃也不睡，只是低聲抱怨，「哎呀！」可是他的話只能得到快快不樂的哀可給他回應。最後，他憂傷的心停止跳動，又冷又僵地躺在睡蓮中。諸神看見這麼美的屍體，深受感動，讓他變成水仙這種以他的名字命名的花。

至於祈求神懲罰他鐵石心腸的哀可，除了悲痛，可憐的她沒有從得到回應的祈禱獲得任何好處。她因為不能和所愛的人在一起而悲痛憔悴、形銷骨立，最後只剩下她的聲音。直到今天，她仍舊只能說出最後一個詞。

故事告訴我們的事

這則知名神話中鑲嵌著許多重大主題。納奇索斯是個備受疼愛的孩子，他的母親急於知道其未來，在他年紀還很小的時候請教先知。先知建議，若他要活到老年，就不該認識自己。因此他的母親企圖欺騙命運（這向來是個餿主意），希望能藏匿他，不讓命運察覺，渾然不覺這麼做等同於她主宰了他的命運。納奇索斯長成一個不為他人著想且專注於自己事務的人，因為他的所有力氣全都花在透過別人的眼光來證實自己的身分。因為他是如此俊秀，大家都原諒他傲慢自大的行為。他從未真正看過自己的長相，只知道身邊的每個人都為他大驚小怪。他因而假定自己比別人優秀，比別人更為重要，就輕蔑地對待旁人。在這樣的鄙視底下，是深度依賴與有害的自我懷疑。畢竟，假如我們不知道自己是誰、自己是什麼樣的人，又如何能看重自己呢？

哀可愛上了他。沒辦法溝通使她天真又脆弱，因為唯有透過溝通，我們才能知道彼此的心意與想法。我們可以推測，希拉因為她說得太多、聽得太少而懲罰她，也就是她從未真正好好溝通過。哀可愛上一張美麗的臉孔，她對他的真性情一無所知。當納奇索斯拒絕她，引發她心中的殘酷與憤怒。她祈求報復，而納奇索斯的人生則注定和她的一樣，以悲劇收場。到最後，納奇索斯透過自我著迷，哀可透過無聲盛怒，兩個人都飽受折磨。

我們可以從這則神話引出一個重要的教訓，那就是愛只能在給予，而非全然接受的氛圍下滋長，而且前提是雙方都對自己有所認識，且有能力也有意願溝通。「自戀」（narcissism）這個詞在心理學是描述一個人無法理解自己以外的人。這通常是某類家庭教育的結果。在這類家庭教育下，孩子飽受溺愛，結果被寵壞了，但是他從未真正被當作獨立的個人看待，也因此從未學會如何看待自己。如果我們不尊重自己是個真正的人，就無法信任別人的愛，更談不上獻出我們自己的愛。這個神話警告我們，這樣的自我著迷會導致殘忍、停滯，以及失去所有的未來成長與創造潛能——可說是一種「心理死亡」（psychological death）。

孩子天生的自私自利，在愈來愈清楚意識到自身的限制，以及家人的坦率溝通下，最後會發展成健康的自尊自重。每個人都需要感覺自己很特別，被人所愛，但是我們需要在真正理解自己是誰，而非在完美的理想化幻想中去感受它。許多戀情之所以會失敗或產生巨大的殘酷與不幸，乃是因為雙方從來不曾以自己原本的樣貌被愛。他們一直是「天賜的」孩子，意思是滿足了父親或母親的夢想。他們受到疼愛是因為他們能提供父母某些東西，而不是因為他們骨子裡是什麼樣的人。因此，他們童年時沒有體驗過真正被當個人來認可，等到成年後，就會不斷設法博得他人的愛以填滿內心可怕的空虛感——等他們想起自己其實很沒用，又會拒絕他人的愛。哀可與納奇索斯其實是一體兩面，各自反映出另一個人的不真實。

許多公眾「偶像」不幸的愛情生活證實了這種對愛難以饜足的渴求，原本是為了取代人生早期錯過的事——做自己的真實感。也許我們全都有點自戀，而那可以驅使我們把自己的天賦發揮到極致。但是少許就有大作用。當自我陶醉成了一種抵禦空虛侵入戀情的手段，愛情就會被拋到一旁。當我們變成納奇索斯，就看不見情人，我們愛上的是有人愛著我們的令人陶醉的經驗。隨後，當熟悉的空虛漸漸浮現，儘管戀人信誓旦旦地保證，我們還是會殘酷地對待人，因為我們擔心他們會發現我們害怕自己內心的事。當我們變成哀可，就會愛上我們希望自己能成為的某種理想形象。如果我們的自我價值很低，只能附和心愛的人，就可能會受到惡毒地對待。而哀可的報復只引來更多的悲痛。她也沒有成長，依然永遠停頓在單戀的愛與憤怒。那讓她寢食難安，直到什麼也不剩。不幸的是，每個離婚律師可能都曾聽過許多次哀可和納奇索斯的故事。

西芭莉與阿提斯：愛不到你，就毀了你

這是嫉妒的激情過了頭所呈現的嚴酷又凶殘的景象。這個故事很古老：在土耳其中部，西芭莉（Cybele）的崇拜可以回溯至最少六千年前。然而它探討的主題卻是十足現代的，因為它說明占有的愛帶來的悲慘下場。雖然這個故事中嫉妒的情人同時也是另一方的母親，不過許多成人關係牽涉到嬰兒般的依賴與父母般的占有欲等不自覺的感受。這也許是為什麼我們會將與父母尚未解決的問題帶進自己成年生活，並以較間接但心態類似的方式上演這個故事呈現的主題。

偉大的安那托利亞[2]大地女神西芭莉是大自然王國的創造者。她生下一個孩子，取名為阿提斯（Attis）。從他誕生的那刻起，她就被他的美貌與優雅迷得神魂顛倒。為了讓他開心，她什麼事都願意做。隨著他從嬰孩到學步幼兒再到青年，她的愛日益加深。因而在他成年後，將這個男人據為己有，成為他的情人。她也任命他擔任其祕密宗教儀式的祭司，用絕對忠誠的誓言綁住他。他們兩以此方式一同生活，鎖在一個封閉的樂園世界中，沒有任何東西能毀壞這段關係的完美。

可是阿提斯不可能永遠與世隔絕，他平日最大的樂趣就是在山丘上閒逛。有一天，他在一棵高大的松樹下歇息，抬頭往上望，看見一個美麗的仙女。他立刻愛上她，和她共枕眠。但是什麼事都躲不過他母親西芭莉的眼睛。當她知道她的兒子情人對她不忠，她勃然大怒，用瘋狂譫妄攻擊阿提斯。在狂亂中，他閹割了自己，以便確保他絕對不會再次打破他的忠貞誓言。當他從譫妄中清醒過來，受了致命傷的他，身在他與心愛的仙子春風一度的松樹下，躺在西芭莉的懷中流血至死。不過，因為阿提斯是神，他的死並非不可逆轉。每年春天，他母親會再度生下這名青年，兩人共度豐富多產的夏日時光。每個冬天，當太陽來到最低點，他會再度死亡，大地女神悲傷難過，直到下一個春天終於來臨。

故事告訴我們的事

西芭莉與阿提斯之間的亂倫無須按字面嚴格解釋。母子間的緊密連結會形成許多感情——感官的、情緒的和精神的——而母親看著新生兒的臉龐覺得他好美是並不罕見也不

2譯注：Anatolia，現今土耳其歸在亞洲範圍的地區。

病態的反應。日後，年輕人在戀人的懷抱中尋求類似於早年曾體驗過的母子連結的那些特性與情緒反應，也是尋常且並非病態的。大多數的愛戀關係包含了教養與依賴的要素，但重點是這段關係能否也容得下平起平坐與獨立不相干。這則神話故事的悲劇在於西芭莉企圖維持她對情人的絕對占有。而這在成人人際關係及母子連結間也並不罕見，但是假如這種占有是不被承認且不受控制的，它帶來的心理效應可能極具破壞力。

西芭莉不允許阿提斯是個平起平坐的伴侶。她希望他只與她綁在一起，完全仰賴她，除了她之外，不許擁有他自己的生活。我們能在一方——無論男女——對另一方獨自的朋友和興趣表示不滿的關係中，就能看見這種模式的呼應。對伴侶專注於工作或創作而有點吃醋，甚至對伴侶躲進自己的思緒中感到憤恨。關鍵不在於人際關係，而是擁有權。這種絕對占有幾乎總是由深刻的不安全感所引起，會讓此人對存在連結中的任何分離備感威脅。這類巨大的不安全感會引發強烈的毀滅性感受，特別是如果這個沒自信的人，如西芭莉，除了情人再也沒有別的生活重心。

西芭莉對阿提斯不忠的報復——在本質上，這是他嘗試確立自己獨立的男性身分——是驅使他自宮。這是種令人不安的殘忍影像。幸運的是，它通常僅限於神話世界。但是日常生活中可能會發生較細微層次的自我閹割。如果有人設法透過情緒勒索削弱伴侶的獨立，那人其實就是企圖在現實生活中閹割伴侶的力量。如果這名伴侶因為害怕失去這段關係而與之共謀，則在心理層次上，阿提斯的自我閹割已然完成。

從阿提斯的瘋狂可以窺見，對意識或情緒成熟度不足以看清局勢的人施以心理操作，能創造出何等的情緒混亂。施加罪惡感、大肆批評、以情緒壓抑與性壓抑作為一種權力手段，還有透過微妙地妨礙友誼與外部興趣孤立伴侶。這些全都是當今的男女西芭莉會把他們的伴侶逼進一種緊張不安與自我懷疑狀態的方法。

強烈的激情與不安會形成一個很糟糕的組合，因為這組合會引發這則凶險的神話故事具體描述的那種占有的愛。也許兩方身上都必須存在這樣的沒自信，否則阿提斯大可擺脫西芭莉，開創新生活。西芭莉有能耐將他逼瘋，是因為他完完全全需要她。他在心理上還是個嬰孩，無法容忍與她分離。他感受到的依賴是孩子對父母的那種。當我們將這樣強烈的依賴感帶進成人關係中，可能會讓巨大的痛苦成真。除非我們能應付分離，否則很難抵擋另一個人嘗試操縱並綁住我們，也無法克制自己企圖操縱並綁住他人，好讓他們待在我們身邊。陷在這樣的圈套中，我們無法充分活出自己的生命，也必須放棄塑造自己命運的權力，只因為我們害怕獨自一人。無論是西芭莉或阿提斯，都無法忍受獨立的情感存在這根本的人性挑戰。因此，他們無法成為能真正尊重與欣賞彼此「異己性」（otherness）的那種戀人。他們注定要陷入一種心理融合狀態，導致背叛、傷害、迷惑與自我毀滅不斷循環上演。這則神話告訴我們，引發悲劇的不單是激情，而是激情與沒辦法容忍身為一個獨立的人這種有害身心健康的混合。

參孫與大利拉：總是愛上錯的人

參孫（Samson）的聖經神話向我們展現激情給錯了對象會帶來什麼樣的悲慘下場。它在某個層次上也可以解釋成懲戒禁不住誘惑的道德禁制令。但是參孫的力量與其頭髮之間的神祕關係，還有非利士人讓他失明，在在揭露了更深的意義，與其說是社會認為我們應該遵循哪些道德準則過外在生活，不如說是激情在自我發現中扮演的角色。

以色列人瑪挪亞（Manoah）因為妻子不能生育，膝下無子而煩惱。所以瑪挪亞向耶和華祈求。耶和華聽見並應允，於是參孫誕生。

參孫長得又高又壯，耶和華的靈開始感動他，讓他勃然大怒，展現力大無窮的驚人舉止。有一天，他看見一個非利士（Philistine）女子，想娶她為妻。但是在那時候，非利士人統治以色列人，因此他父母問他，為什麼他無法在自己人當中找到合適的對象。可是參孫心意已決，他的憤怒是一種恐懼的來源，所以他最後還是娶了那個女子為妻。後來他厭倦了她，他丈人把她給了他的同伴。過些日子，參孫想去看妻子，他丈人卻不允許他見她。參孫在盛怒中放火燒了非利士人尚未收割的莊稼。當非利士人發現他的所作所為後，活活燒死他的妻子與岳父以為報復。參孫以牙還牙，殺了許多非利士人，對方試圖打敗並活捉他。但是非利士人無法贏過他。因此這片土地種下了參孫與他妻子的族人之間憤憤不平與無休止的仇恨。

有一天，參孫到迦薩去，看見一個妓女。兩人發生了關係，非利士人等著要在他離開時殺了他，但是他們仍舊無法擊敗他。後來他認識並愛上了一個名叫大利拉（Delilah）的女子。非利士人的首領去見她，求她誆哄參孫，為他們打探參孫因何有這麼大的力氣，讓他們有可能勝過他。事成之後，他們願意給她一千一百枚銀幣。

大利拉試了又試，想讓參孫說出他的祕密。後來參孫對這些糾纏不休覺得很煩悶又生氣，就把心中所藏的都告訴了她。他說如果剃了他的頭髮，他所有的力氣就會離開他。大利拉把非利士人的首領請來，把參孫的祕密告訴他們，他們也把講好數量的銀幣交給她。接著，趁參孫在大利拉的懷中沉睡時，一個人過來剃除參孫頭上的七條髮綹，他的力氣就離開他了。

等參孫醒來，非利士人將他拿住，用腳鐐銬住他，剜了他的眼睛。他被關在一處監牢中，所有的非利士人大肆慶祝，因為他們的頭號敵人被制伏了。他被關在監獄裡好長一段時間，接著他被帶到眾人面前戲耍，藉以娛樂眾人。但那時參孫的頭髮已再次長長。他們讓銬著腳鍊的他站在王宮內的兩根柱子中間，那裡聚集了三千名非利士人等著嘲弄譏笑他。參孫求告耶和華，抱住支撐起王宮的那兩根柱子。接著盡力屈身，整棟建築物倒塌，壓住在場的非利士人。雖然參孫送了命，他的敵人卻被徹底擊敗。

故事告訴我們的事

這個故事清楚的道德含意無須詳述：參孫犯了錯。第一錯，選擇了不合適的妻子。第二錯，讓以色列人與非利士人的敵對更加惡化。第三錯，對大利拉（另一個不合適的情人）充滿激情，以及第四錯，愚蠢地向大利拉揭露自己的祕密。他為自己的罪付出代價，最後，透過摧毀仇敵得到救贖。可是如果要了解這個故事對激情的本質有何看法，就得更仔細審視故事的細節及參孫本人的個性。

打從故事一開頭，參孫就是個憤怒的男人。感動他去做出過火行為的「耶和華的靈」是個難以理解的靈，因為它讓他既暴力又任性。參孫就像許多希臘英雄，飽受傲慢自大的折磨。換句話說，他不了解自制力，也沒有設法控制從內心驅使他如此作為的動力。當他想要某個東西，就一定要弄到手，甚至是從敵人當中選擇妻子。在此，愛不是討論的重點。我們看見的是參孫受到自己的本能需求驅使，執意滿足由外貌吸引力引發的激情。等他對妻子生厭，便將她晾在一旁。事後，她父親不允許他見她是可以理解的，而他卻在非利士人的農田大肆破壞，悲劇也因此接踵而來。簡而言之，參孫的性格並不討人喜歡。他暴力、任性、沒有同情心。他是一手創造自己悲劇的人。

對參孫來說，誘惑是注定會贏的，因為他沒有深思熟慮的能力。他對大利拉的不肯罷休毫不起疑，因為驅使他的動力是情感與本能。最後他和盤托出，因而喪失了自己的力量。

頭髮——長、短、髮色深或淡——在世界各地許多神話中都是種象徵手法。它在歷史上的象徵重要性也很清楚：例如法國墨洛溫王朝（Merovingian，西元四八六至七五一年）的歷代國王都不剪髮，因為他們相信那是君權神授的標記。佛洛伊德（Sigmund Freud）將夢見頭髮與性能力和力氣連結在一起。在夢中，剪髮可能意味著性無能。儘管佛洛伊德這麼說，我們應該要牢記，參孫能產生力量的頭髮是從他的頭長出來，而頭是心神之所在。頭髮可以與人的思維連結，它是人思考力量的象徵，能塑造並指揮人的意志與世界觀。換句話說，我們的力量在於思考能力，透過知覺去感知這世界並處理它。唯有透過這個方式，我們才能控制自己的破壞性衝動，避免陷入盲目的情緒中。允許自己被外貌吸引力推著跑表示參孫喪失了自己的獨立意識。他的頭髮在實際被人剪下之前早就失去了它的象徵意義，因為他為了滿足自己的激情而忽略了思考的力量。他失敗的原因並不在於受到女人的吸引，甚至不是在不合適的地方追求那樣的吸引力，而是他爽快放棄所有的思考能力。

結果，參孫被關入大牢，雙眼被弄瞎。在神話中，盲眼通常與內在的視野，以及將眼光從外在世界移向他處帶來的理解有關連。希臘神話中的盲眼先知狄瑞西亞斯——我們曾在納奇索斯的故事（見一四六至一五一頁）遇見他——正是人將關注焦點轉向內在後帶來智慧的範例。刺瞎自己雙眼的伊底帕斯（見六十九至七十四頁）也代表自我發現的形象。參孫在獄中學習向內看，而他發現了什麼呢？他的頭髮又長長了，他得到了思考與反省的能力。他向神祈求原諒，然後他的力量又回來了。我們可以推測在心理層面，這個強有力的男人過去慣於粗暴地主張自己想要什麼，現在受到人生的限制與自己的失敗所迫，不得不認清他是誰，他真正的模樣是什麼，並且記得他真正該追求的理想是什麼。

這能告訴我們激情在人類日常生活中有何作用嗎？我們需要平衡它的盲目力量、內在見解、省思，以及記得什麼樣的理想是生活的真正動力。透過不經思考地追求激情，透過我們造成與接收的錯誤、困境與傷害，我們變得謙卑，被迫往內看。以此方式，我們能重獲力氣，恢復我們的個性。參孫的死也可以看成是有象徵意義的。因為在這樣令人自慚汗顏的認可中，我們也經歷了某種死亡。我們必須捨棄自己的傲慢自大與任性，並認識到生命的極限。參孫的故事揭露了激情的轉化效應，它能讓我們陷入痛苦，但也能讓我們流露自我，對自己與人生有新的理解。

梅林的魔法：為了愛你，失去了自己

理性或智慧光芒可能不是熱戀的解毒劑。雖然我們需要仔細思考，但是單憑思考的力量卻無法讓我們的心，或我們的身體，保持緘默。事實上，企圖用理性思維抵擋熱情可能會讓人在人際關係中格外容易盲目。就連凱爾特神話中偉大的魔法師梅林（Merlin）也拿自己對某個女子的熱情無可奈何。

梅林是亞瑟王的顧問與朋友，他的魔法力量令人敬畏。他不僅精通各類藥草知識，也能預知未來，還能隨意變形，以不同形體現身，比如拿著鐮刀的老人、小男孩、乞丐，還有影子。他小心翼翼地守護這些力量，從來沒想過要和任何女人分享他的智慧或床鋪。

但也許因為他不允許自己認識女人，所以並不真正認識自己。最後，這個聰明又熟練的魔法師竟落入愛與情欲的美人計，一敗塗地。有一天，梅林遇見一個美麗的年輕女子。她的名字叫做妮奈芙（Nyneve），雖然此時梅林已是個老翁，卻在見到她的瞬間絕望地愛上她。為了打動她，他以英俊青年的樣貌現身，並誇耀自己是個很厲害的魔法師。他用魔法變出奇妙的幻象，希望能贏得她的欽佩：騎士與淑女談戀愛、吟遊詩人彈奏樂器、年輕騎士騎馬耍長槍比武、滿是噴泉與鮮花的漂亮花園。這名年輕女子只是站著觀賞，不發一語。

梅林太專注於給她留下好印象，未注意到妮奈芙並沒有回應他的感情。但是她承諾，只要梅林和她分享他的魔法祕密，她就願意成為他的情人。他急忙同意，相信自己找到一個有熱誠的學徒，還有一個情人。妮奈芙持續哄他說出愈來愈多知識，學會他所有的咒語和神奇配方，卻總是迴避他，不肯滿足他的欲望。以梅林的智慧，他慢慢也明白發生了什麼事。他知道自己被耍了，被騙得團團轉，但就是情不自禁。

看清自己的未來後，梅林接著去見亞瑟王，警告國王他信任的顧問與魔法師的末日近了。國王很困惑，想知道為什麼梅林用盡所有智慧，也無法做點什麼來拯救自己？梅林悲傷地回答，「我確實懂很多事。但是在知識與激情的較量中，知識從來沒有贏過。」

這個不幸的魔法師飽受單相思的激情煎熬，尾隨妮奈芙四處去，活像個害相思病的青春少年郎。可是妮奈芙從未實現他的渴望，她總是不斷允諾、誘惑、套取更多祕密，然後再次收回自己的話。最後他犯下愚行，教她那些永遠無法破除的魔咒。為了取悅她，梅林挖空高高矗立在海面上的巨大康瓦爾峭壁，打造出一個神奇的房間，裡頭充滿難以置信的奇蹟。他希望他們的愛能在這個壯麗的環境下終於完滿。他們一起穿越岩石中的祕密通道，走近那個房間。沿途滿是黃金裝飾，點著上百根香氛蠟燭。梅林走進房間，但妮奈芙卻在門外逗留。接著她唸出一個可怕的咒語，這個永遠無法破除的咒語是跟他學來的。房門被關上了，而梅林從此永遠被困在裡頭。當妮奈芙循著通道離開，還能聽見他微弱的聲音透過石頭傳來，懇求她放了他。可是她毫不理會，繼續前進。有人說，直到今天，梅林都還在那個金碧輝煌的房間裡，如同他早料到自己會有的下場。

故事告訴我們的事

在日常生活中可以看見這則偉大魔法師著了魔的知名傳奇故事重新上演。看看那些人際關係，某個人多年來設法避免激情帶來的痛苦、喜悅及變革的力量，直到最後才屈服於一段證明是單相思或毀滅的激情。俗話說，「老糊塗，最糊塗。」但是這不言而喻的道理並非一體適用於已走到人生後半段的每個人，而只適用於年輕時一直設法避免讓自己的手與心沾染上強大的情感與性需求帶來困惑與曖昧的那種人。這樣的人最終無法欺騙大自然或自己的本性，等他們想學習唯有直接的情感體驗才能帶來智慧的這門課，往往為時已晚，因而經常愛上不合適的對象。

梅林小心守護他的魔法祕密時，也播下了失敗的種子。這個魔法師害怕自己容易受到攻擊，倚靠權勢在生活中支撐自己。在渴求權勢的情況下，沒有空間能容得下真誠的人際關係。梅林向來運用他令人印象深刻的睿智與知識控制生活，而不願任由自己去體驗生活，或被生活改變。我們也可能企圖用這種方式控制自己的激情，因為激情會讓人變得脆弱。當我們非常需要另一個人，表示我們不再掌控整個情勢，而是任憑生命帶給我們的事物所擺佈。對那些曾在童年受過傷，小小年紀就變得不信任愛的人來說，知識與權勢可能是保護自己免受傷害的有利工具。然而，這樣堅硬的防衛外殼可能會讓我們的內在變得幼稚又天真。我們無法長大，因為我們不允許自己去經歷能讓人變成熟的那些挫折與分離經驗。接著就像梅林，我們很容易遭人利用。

我們可能時常讀到有權勢的年長男人摟著年輕漂亮的女人四處炫耀，透過這些「花瓶」老婆與情人，向世界吹噓他們還很生猛有活力，還很討人喜愛。然而，這樣的男人內心可能會不停擔憂自己有人愛是因為他們有權有錢，而不是因為他們本身值得被愛。隨著社會態度變得不那麼僵化與道德拘謹後，某些知名的年長女人也會透過美容手術和嚴格的運動與飲食養生法，努力保持青春的假象，摟著英俊的「小白臉」四處炫耀。這世上無疑有年長男人與年輕女子，或年長女人與年輕男子間的關係是豐富、充滿愛意、完全真誠的。但是這類關係中也有許多是用地位與權勢為貨幣，去購買虛幻的愛。

如果透過心理學的眼光看梅林的故事，會看見一個內心充滿深刻不安全感的男人，只對自己的智慧與魔法有信心。他對權勢的追求抵消了孤寂與自我懷疑。他是如此缺乏自我價值感，因而遇見心儀對象時，只想得到用權勢讓她留下深刻印象，而不是透露出自己是個真實但易受傷的人。這也能在日常生活中觀察到。如果我們對自己沒有把握，就會試圖用權勢、金錢、才華或知識讓人佩服我們，卻從來沒有意識到這樣背叛真實的自我可能會打開拒絕與傷害的大門。以我們不是的模樣展現自我時，等於有意無意地欺騙他人，而且這麼做可能會引來騙子。梅林的故事讓我們明白，當懷有激情的人不相信自己的價值，並逃避任何持久的愛最終需要的基礎——對對方有深刻且誠實的理解，這必然會為激情帶來悲傷的結果。我們稍早之前在本章遇見的聖經英雄參孫（見一五七至一六二頁）只關注他的身體欲望，而沒有理性思考的能力。另一方面，梅林害怕自己的身體欲望，只相信自己的心智。唯有在兩者間取得平衡才能達成心理健康，也才有潛力發展出一段令人滿足的關係。

第二章　永恆的三角習題

「永恆的三角習題」，顧名思義，指出人類很難僅僅只愛一個人。三角習題是世上偉大詩作、戲劇與小說，也是許多律師收入的基礎。不貞會造成傷害，並使我們被貶低，但是它也很吸引我們，也許是因為我們對它的痛苦與迷人處知之甚詳。永恆的三角習題是一種典型經驗，心理學對人為什麼會偏離正途充滿各式各樣的說法。有時，痛苦的親身經驗，讓我們知道失去信任會摧毀婚姻並破壞家庭生活，而受欺騙會讓我們覺得被羞辱。人類最大的痛苦有部分來自背叛，然而，比起數千年前人類初次寫下性與情感背叛的偉大神話故事，今日的你我其實並沒有更加明白為什麼人類追求一夫一妻制，卻又上演多重性伴侶這樣的戲碼。

宙斯與希拉的婚姻：是愛還是不甘心？

在眾多描繪不貞的神話中，最出名的莫過於宙斯與希拉，傳統的諸神之王與諸神之后的婚姻。這樁婚姻中不只有一段三角戀，而是一連串的三角習題，因為宙斯是個典型的姦夫，而希拉則是善妒的妻子。他們的婚姻生活就是接二連三的風流韻事，以吃醋、報復與私生子調味，但不知怎麼地，這段婚姻還是繼續維持下去。

宙斯是天界之王，宇宙能順暢有秩序地運行便是靠他一手組織與管理。在一番高調的浪漫求偶後，他娶了自己的姊姊希拉為妻，看似對她很痴迷。但是打從這段婚姻的一開頭，他就對她不忠，她很受傷，醋勁大發。他們總是不斷發生口角，宙斯甚至樂於偶爾揍她，壓制她的指控與抗議。希拉很氣他不斷追求其他戀人——女神或凡人、女人或男孩，宙斯全包了。他不斷變化的性欲對象總是需要出色的創新與努力才能追到手。其實，挑戰愈是困難，他的激情也就愈是澎湃。他時常改變形體，以各種偽裝與動物樣貌現身，以便擺脫憤怒的丈夫和護女心切的父親。追求麗妲（Leda）時，他化身為天鵝；追求歐蘿芭

（Europa）時，化身為公牛；追求狄美特（Demeter）時，化身為公馬；追求達娜哀時，則化身為一陣黃金雨。然而一旦遂行欲望後，這個性愛對象就不再吸引他，他會另外尋找新的對象。

另一方面，希拉大多時候感覺很受傷，遭到背叛。她將所有精力都集中在找出宙斯通姦的證據，接著想出某種狡猾的計畫去羞辱他並報復他的情人。有時候，這似乎帶給她生活的意義，因為她幾乎不做別的事。宙斯的私生子人數就像天上的星星，多得不可勝數，他們特別容易招惹希拉發怒。她總是迫害那些她害怕宙斯會愛對方勝過愛她或他們婚生子女的人。她把戴奧尼索斯逼瘋，並設法將他的母親西蜜莉（Semele）燒死；她折磨阿爾克梅尼（Alcmene）的兒子赫丘力士（Herakles），讓他完成不可能的差事。她甚至用皮條綑綁她的丈夫，威脅要罷黜他，儘管他很容易也必然會被其他天神拯救。然而經歷這一切後，他們的婚姻關係仍持續維持，他們的激情也定期會自行復甦。希拉也很善於向阿芙羅狄特商借她的金胸托去吸引與刺激宙斯的欲望，以便滿足她自己的需求。在特洛伊戰爭期間，希拉（她對特洛伊人懷有特別強烈的恨意）用這件魔法胸托勾引宙斯，讓他分心，無法專注於保護特洛伊城。

宙斯和希拉一樣善妒，但他堅定擁護雙重標準。曾經有個叫做伊克西翁（Ixion）的凡人想勾引希拉，被宙斯看穿他的企圖。宙斯用雲變了個假希拉，讓伊克西翁對「她」縱欲。後來宙斯將他綁在一個火輪上，讓他在天堂四處滾動，直到永遠。另一次，希拉覺得她受夠了，於是離開丈夫躲了起來。少了強勢的妻子在身旁爭吵、訓斥他，偉大的宙斯覺得被遺棄，感到很失落。突然間，其他情人似乎都沒那麼有趣了。他上山下海到處尋找希拉的蹤影。最後，宙斯聽從一個凡人自婚姻中體悟到的明智建議，放出消息說他將要迎娶其他人。他精心製作了一個美麗女孩的塑像，為它披上面紗，妝點得像個新娘在街上遊行。聽見宙斯認真散播的傳言後，希拉急忙現身，飛奔到那雕像前，扯下蓋住她想像敵手的面紗——才發現這對手竟然是石頭做的。當她明白自己被騙了，不禁放聲大笑，這對佳偶因而和解停戰了好一段時間。他們至今可能仍舊在奧林帕斯山爭執、和解、傷害、欺瞞與愛慕彼此。

故事告訴我們的事

宙斯與希拉的婚姻肯定算不上和諧。當前人類社會的道德風氣會迅速譴責任何當代宙斯，因為他們行事如同這個遠古希臘天神據說曾做過的事。然而，這段婚姻中有激情，也有興奮，少了對方，任一方都會覺得失落。表面上，我們可以採取傳統的道德觀點譴責宙斯的通姦行為。不過這段婚姻有更深的層面，它對什麼讓兩人結合在一起的見解可能會讓我們大吃一驚。

為什麼這兩個很有影響力的神，明明各自都有能力在離婚後選擇一個壓力不那麼大的伴侶，卻仍舊在一起？宙斯是創造力與足智多謀的最佳範例。他的百變化身與不停追求理想說明他是神祕的、易變的、多產的、富有想像力的象徵，無法被束縛或限制在傳統世俗架構與規則中。另一方面，希拉是家與家庭女神，代表那些牽涉到延續、責任、規則與尊敬傳統的關係與社會結構。其實，這兩位天神是一體兩面，反映出人類心靈的兩個面向。他們總是互相交戰，卻也永遠倚賴彼此，才能實現自我。在絕大多數婚姻關係中，若有一方傾向於側重生活的想像面，另一方就會多側重於包容和建構生活。但是我們全都擁有這兩種力量，也都需要這兩種能力。

如果從心理層面去理解宙斯的出軌，它反映出不停追求美女與魅力，以及自我表現（這是藝術家創造力的要素）的渴望。假如也從心理層面來理解希拉的嫉妒，我們可以窺見保持對生活投入有何難處、得耗費何等巨大的精力，以及當我們的自由受到自我選擇的限制，但另一半卻能耽於自我放縱又不必負擔後果，這肯定會讓人覺得很憤怒。人人都能理解並同情宙斯或希拉。然而這宗神話婚姻其實要告訴我們的是：宙斯和希拉兩者都存在每個人心中，假如我們希望避免其婚姻以痛苦、具體的方式展現在我們的生活中，就應該要在內心找到平衡點。

宙斯與希拉也能一同歡笑。這是他們發生爭執後能言歸於好的神奇要素。再者，雙方都勇敢地對抗另一方。雖然希拉嫉妒，但她並不利用犧牲來乞憐。她用決心和機智全力回擊，而非沉溺在徹底自憐當中。他們以此方式敬重彼此，雖然他們也傷害與激怒對方。這則神話描述人類本性的某種基本特質：有人說，隔壁牧場的草地總是比較綠，如果它是禁止進入，就會顯得更翠綠。宙斯追求愛慕對象有部分是因為他被禁止與他們接觸。當希拉離開他，他追求她的熱情程度並不亞於他追求那些不正當的情人。而希拉追求宙斯則是因為她無法完全擁有他。這段奧林帕斯山婚姻最深沉的祕密是，恆久的愛源自永遠無法完全擁有對方。儘管痛苦，但面對風流成性的伴侶，我們應該好好自問：我們是否無條件奉上自己，因而可被完全掌握與擁有。此外，面對自己想要出軌的癖好，我們也得自問：究竟追求十全十美是否掩飾了我們害怕被完全擁有與掌握？承認人性深處存有這種不願被人掌握的追求讓人意識到，假如要讓真實生活中的任何人際關係順利運作，就有妥協的必要。妥協是個不完美的對策，雙方都能得到他們想要的某種事物，卻沒有人能完全按照自己的方式得到它。為了擁有一段行得通的人際關係，我們必須放棄完美的理想。但同樣重要的是，我們必須永不放棄自己的靈魂。

宙斯與希拉的婚姻難題無從「解決」，而且在人類關係中，無論是實質或幻想，不貞問題或許也無解，因為有很大部分取決於相關人等的個人道德倫理、誠實、自我控制與心理洞察。除非我們已經發現宙斯的，還有希拉的祕密，否則可能會繼續為這些神話婚姻中不時上演跳樑小丑的戲碼，但雙方又持續愛慕與欣賞對方的矛盾傷透腦筋。不過，我們愈是了解責任與自由間的角力，就愈能克服自己內心的這種緊張關係。那麼我們就不大可能會走向兩極化，變成失控的宙斯或愛抱怨的希拉。

亞瑟與桂娜薇：最仁慈的愛

亞瑟王與桂娜薇王后（Queen Guinevere），以及她愛上國王摯友蘭斯洛（Lancelot）的故事，在所有探討背叛的痛苦的神話中，是最為知名的一則。在這段三角戀情中，沒有人企圖毀滅彼此，反而透過誠信正直、忠於友誼，以及承認深切衷心的愛基本上是神聖的，找到和解與內心的平靜。這一點在神話故事中也是獨一無二的。

在多年征戰，成功擊退入侵的薩克遜人後，亞瑟王對他聰明的顧問梅林說：「該是我娶妻的時候了。」梅林問國王是否已有中意的對象，答案似乎是肯定的。因為有人告訴他，卡密里亞（Cameliard）的里歐德桂恩斯國王（King Leodegrance）有個出奇美麗的女兒叫做桂娜薇，甚至在他見到這位淑女前，愛火早已熊熊燃燒。

但是梅林是個先知，他能預知這個選擇將以悲劇收場。梅林問：「如果我告訴您，桂娜薇是個令人遺憾的選擇，這會改變您的想法嗎？」

「不會，」亞瑟回答。

梅林又問：「那麼，如果我告訴您，桂娜薇將會不忠於您，和您最親最信任的朋友在一起……」

「我才不信。」亞瑟回答。

「當然不信，」梅林憂傷地說。「有史以來，每個男人都緊抓著這個信念，認定獨獨只有他的愛能抵銷機率法則。就連我，我很清楚自己將會為了一個愚蠢的女孩喪命，但是當那女孩走過，我也會毫不猶豫地追求她。看來您會娶桂娜薇為妻。您想要的不是忠告，而是贊同。」

於是亞瑟派蘭斯洛，他的騎士團之首，也是他最信任的朋友，從她父親的王宮將她帶回自己的宮廷。在旅途中，梅林的預言應驗了，蘭斯洛和桂娜薇愛上彼此，但是兩人都不願打破他們對亞瑟王的承諾。

婚禮後不久，亞瑟王就必須去處理王國中其他地方的事務。他不在時，米里耶根國王（King Meleagant）設下陷阱抓住桂娜薇王后，把她擄回自己的王國。沒有人知道她後來成了什麼模樣，因為米里耶根將她監禁在一座有護城河圍繞的監獄裡，唯一的聯外道路是一座異常危險的橋，橋面鋪滿鋒利的劍刃，從來沒人能成功跨越。除了蘭斯洛，沒有人敢去營救桂娜薇。他穿越陌生的國度，直到發現桂娜薇被藏在哪兒。他跨越劍樹刀山，受了重傷，但是他成功救出王后，在打鬥中殺了米里耶根。等他們回到亞瑟王的王宮後，她心疼蘭斯洛，親自照料他的傷勢。在他臥床療傷之際，兩人終於發生了關係。

等亞瑟回朝，梅林告訴他自己在幻象中看見王后與蘭斯洛，而桂娜薇已經背叛了她的丈夫。王宮裡的其他成員也告訴亞瑟，大家都知道王后與蘭斯洛私下愛慕彼此。可是亞瑟壓抑自己的暴力或指責，把想法藏在心中，因為他知道他的朋友與王后兩人都因為他們的愛而深深受苦，而且他們都竭盡所能地對抗它。因為他愛他們，不願意透過公開揭露背叛毀掉兩人，於是他選擇等待，他們三人全都因為愛著另外兩人而苦惱鬱悶。

但是朝中有批騎士對王后與蘭斯洛帶給國王羞辱感到憤怒不已，他們也看見機會，既能奪取權力，又可將國王的摯友驅離國王身旁。於是他們密謀要逮到蘭斯洛與桂娜薇在一起，以便將背叛的證據呈給國王，並將王后的失德公諸於世。亞瑟王的私生子莫德雷德（Mordred）也是這群騎士的一員，他暗地為自己爭取王位。

那天晚上，這些追逐私利的男人埋伏著等待這對戀人，接著闖入他們會面的房間。但是蘭斯洛逃脫了，這些騎士只擒獲王后，把她帶到國王面前，證明她的背叛。亞瑟王因此被迫違反他的意願，公開指控她，讓她接受審訊。桂娜薇被判有罪，處以火刑。但是當她被拖向火刑柱時，原本躲起來的蘭斯洛收到她將被處決的消息，騎馬前來拯救她。結果爆發了一場激烈的格鬥。在蘭斯洛將王后帶回他的城堡歡樂加爾（Joyous Gard）前，殺死了許多騎士。

此時亞瑟王已不能再包容下去了，因為蘭斯洛殺了他麾下許多厲害的騎士。他率領軍隊前去團團包圍歡樂加爾堡，但是蘭斯洛拒絕出城，因為他不想與亞瑟交戰。接著亞瑟與蘭斯洛談判，兩人都想起對彼此懷有的愛與忠誠。蘭斯洛表示懺悔，保證他會放棄對王后的愛，於是亞瑟和蘭斯洛和好如初。

亞瑟願意將王后帶回，但其他騎士無法贊同這樣的寬恕精神。他們要求復仇，所以蘭斯洛不得不出來和這些騎士戰鬥，以免被認為是個懦夫。接下來發生一場大戰。在交戰過程中，亞瑟與蘭斯洛彼此對視，兩個男人的眼中滿是淚水，可是他們無法讓已經發生的事歸零。戰鬥在他們身旁繼續進行，雖然這兩人早就言歸於好。

終於，雙方都已精疲力竭。隨之而來的是談判及休戰。亞瑟帶著桂娜薇班師回朝，並提議讓蘭斯洛回復他在圓桌的舊職。但是莫德雷德眼看權柄就要脫離他的掌握，密謀讓這三人垮臺。他率領一大群人對抗國王，而亞瑟王在這場戰役中身受重傷。儘管蘭斯洛為亞瑟這一方戰鬥並手刃莫德雷德，但等到一切結束時，他無法忍受自己的罪愆，因而告訴新寡的王后，他必須永遠離開。於是他騎馬遠走他鄉，隨後進入一間修道院，為自己的不端行為終身懺悔。王后也無法承擔良心的譴責，更難承受失去她深愛的兩個男人，決定進入女修道院靜修。

多年後，有天晚上蘭斯洛看到一個幻象，有人吩咐他去探望王后。等他終於找到她待的那間女修道院，發現她已在半小時前過世，因此他見到的是她的遺體。之後，蘭斯洛不吃不喝，病得愈來愈嚴重，悲痛欲絕的他最終失去了性命。

蘭斯洛與桂娜薇被放在同一個棺材架上，送回蘭斯洛的歡樂加爾堡，而當年試圖殺了兩人的所有倖存騎士全都前來致意，因為他們已經贖罪。而今所有人知道他們對彼此、對國王的愛有多偉大。雖然他們三人在世時無法得到眾人諒解，但死後終於獲得寬恕。

故事告訴我們的事

亞瑟、桂娜薇與蘭斯洛的悲劇三角戀是人心高貴的一種閃亮理想。它描繪出一種潛能，是我們所有人都有能力這麼做，可惜卻罕能在真實生活中遇見。這段三角戀並非像許多三角習題那樣以自我放縱為基礎，只不過是性吸引力、無聊或企圖逃避承諾。對三方來說，它都是根植於深刻的愛，而它告訴我們，愛並不總是排他的，我們可以用不同方式深深愛戀著不同的人。這對現代人是難以置信的事，因為我們被教育而相信，如果我們愛自己的伴侶，就絕無可能再愛上其他人。我們立下的婚姻誓言要求排他。在嘗試理解人為什麼會捲入三角戀時，我們堅信背叛者必定是膚淺又冷酷無情。在許多三角習題中，較膚淺的理由可能有意無意間確實激發了背叛。但是亞瑟與桂娜薇的傳奇故事告訴我們，事情未必永遠如此，有時候人生只是不公平，人心也是如此。

儘管受到傷害，但亞瑟拒絕以牙還牙反映出讓人欽羨的寬大胸襟及自制能力。只可惜，他的騎士並不具備這些特質。他們就像許多人，對自己無法理解的事物予以直接的強烈譴責，因為他們從來不曾深刻地愛過。此外，這些騎士也被自己的祕密目標蒙蔽，因而看不見亞瑟想做的事帶有深刻的正確性。就大眾的意見來看，面臨這類情境的現代亞瑟很可能會被認為是個「窩囊廢」，是個容忍屈辱情事的怯懦男人，因為他不夠有氣魄，不敢動手處理它。然而，實情正好相反，亞瑟對友情與愛情的忠誠讓他深受痛苦，但是他拒絕背叛自己的心，也因此，證明了他比任何大聲嚷著要復仇的騎士更有男子氣概。

故事中的所有人物都沒找著尋常意義的浪漫幸福。但是，比從此過著幸福快樂的日子也許更為重要的是，這三個人對自己靈魂最深處的要求展現了絕對的忠誠，即使他們得付出一切作為代價，也在所不惜。假使桂娜薇與蘭斯洛之間的愛不是靈魂之愛，他們就會向誘惑屈服。如果亞瑟對好友與妻子的愛不是靈魂之愛，他就會放縱自己，順應身旁所有人的認可，遂行報復。這樣的愛有時候會進入我們的生活。如果發生了這種事，我們就會理解為什麼古人認為它是天譴，是人類意志無力違抗的事。單純的情欲或想要懲罰伴侶的祕密渴望往往會被偽裝成慷慨激昂的聲明。但是，面臨強加在這三個傳奇人物身上的這類選擇時，那種渴望的真正本質就會顯露。倘若這樣的灼人烈焰不曾進入我們的生活，或許我們該額手稱慶。因為一旦發生，涉身其中的三人必然得承受接踵而來的巨大痛苦。然而，假設生命確實派給我們這樣一道難題，牢記亞瑟與桂娜薇的故事也許能讓我們做得更好。這故事告訴我們，能讓我們認識自己、認識我們真正相信什麼，最有力也最深刻的手段，是「背叛」。

第三章 婚姻

跟婚姻有關的神話很多，不過沒有一則描述的是許多人嚮往的「幸福婚姻」。有點諷刺的是，經常被引用的幸福婚姻「神話」從未出現在任何神話中。神話向我們展現心理層面上事情發生的真正原委，而非我們希望它們如何被展現。神話提供的婚姻影像描述典型的人類情感起伏消長與衝突，以及努力經營真誠關係時常見的困難與試煉。接下來的故事，針對兩個人努力理解彼此的互動關係提供深刻的見解與智慧。但是，我們無法從中找到輕輕鬆鬆永遠幸福的祕方。在真實生活中，幸福的婚姻是努力與觀念的產物，也許還得有幾分好運，但它不是典型人類心理狀態可確保的部分。

葛德與弗瑞：總有一份愛，值得我們等待

天神弗瑞（Frey）[3]向葛德（Gerda）求愛的古北歐神話故事證明了對愛執著的回報，以及求愛儀式對於確保戀愛關係能發展成幸福婚姻非常重要。雖然我們可能不必求助於魔咒，但是仍舊可以從弗瑞秉持決心與熱情——老實說，真正做事的是他的摯友史基尼爾（Skirnir）——追求被選中的新娘一事中有所學習。沒有努力與執著，一段持久且令人滿足的關係不可能從天而降。

弗瑞的妻子跟他母親一樣，都是巨人族的成員。令人不可抗拒的愛讓他深受她吸引。有一天，他坐在奧丁（Odin）的寶座上俯瞰地面的事物以自娛。他在巨人國中看見有個美得不可方物的少女從她父親的屋子裡走出來。她白色手臂的反光讓天空與海洋充滿了光亮。她的名字叫做葛德。弗瑞的心立刻盈滿了熱烈的愛，但深深的憂鬱旋即隨之而來，因為他不知該如何贏得他心愛的人。他的父母看見突然發生在他身上的變化，派他的朋友暨僕人史基尼爾去找出讓他們的兒子不開心的祕密。

史基尼爾很快便探出煩惱的來源，也表明願意代他的朋友向那名年輕女郎求婚。他要求弗瑞借他一把會按照它自己意願在空中揮舞的知名寶劍，還有一匹能穿越火焰的駿馬。史基尼爾騎馬穿越暗夜，來到巨人的土地。葛德父親的房舍大門拴著凶猛惡犬，房屋則被魔法的熊熊烈焰團團包圍。但是史基尼爾並不害怕，他騎馬穿越魔法火焰，抵達屋子門口。

葛德受到狗群騷動的吸引，前去探看。史基尼爾將弗瑞的愛慕與求愛訊息傳達給她。同時還獻給她十一顆純金打造的蘋果，以及一只曾經屬於奧丁的漂亮魔戒。可是葛德沒有被打動。接著，史基尼爾揮動那把會按自己的意願在空中揮舞的著名寶劍，看起來彷彿他會殺了葛德與她父親。可惜這威脅也沒發揮作用，葛德還是沒被打動。史基尼爾感覺成功似乎無望，接著訴諸念咒與施法術。他告訴葛德，他有一支具有可怕力量的魔杖，假如她不同意嫁給弗瑞，他就會在那魔杖刻上危險且致命的魔力符號。他堅稱，這些魔法記號會確保她在世界的另一端、在冰冷的深處，過著遠離男人的孤獨生活，她會像薊花般枯萎。

現在葛德真的怕了。沒有其他威脅能比終身孤獨更嚴重，弗瑞因而開始看似是個非常

3 編按：北歐神話中的多產神和植物神，主司豐收和財富。

有吸引力的替代選擇。她遞給史基尼爾迎賓杯，裡頭裝滿蜂蜜酒，作為和解的表示。史基尼爾逼她立刻與弗瑞祕密會面，因為弗瑞迫不及待想贏得他的新娘。葛德拒絕了這件事，但她承諾會在九夜後，在她命名的一片神聖樹林中與弗瑞會面。

同時間，弗瑞痛苦地等待消息。當史基尼爾帶回葛德的答覆，弗瑞的心再次充滿喜悅。可是她設下的延遲讓他很痛苦。「一夜很長，」他對史基尼爾說：「但兩夜會是何等漫長！我怎能耐得住三夜？又怎麼可能熬得過九夜呢？」

但是他確實熬過了九夜，雖然他不斷抱怨，幾乎要將史基尼爾與他的父母逼瘋了。最終他娶了葛德，擁有幸福與子女成群的婚姻。

故事告訴我們的事

這則古斯堪地那維亞故事與許多求愛和婚姻的神話不同，它有個幸福的結局。但是這幸福的結果取決於求愛本身，偏偏那求愛對我們來說似乎挺怪異的。葛德只是因為恐懼才被說服，同意嫁給弗瑞，而她真正害怕的唯一一件事，就是孤獨。直到史基尼爾以孤單無依的未來要脅，她才同意這樁婚事。這說明了我們努力與其他人締結有約束力的關係背後的一種主要力量，因為孤獨是我們最大的恐懼與痛苦來源。而威脅能奏效的理由也許是因為葛德對自己很誠實。我們也許不想承認，想要有伴是因為那總比孤單好。我們也許不想面對的事實是，假如願意正視老了找不到伴的恐懼，就更有可能在婚姻上下功夫。我們寧可談論遇見「對的」人或「靈魂伴侶」。在當前的社會氛圍中，單身與自由自在的樂趣很受到重視。有能力以獨立實體存在的重要性具有深刻的道理，因為僅僅基於恐懼的關係缺乏互相尊重與溝通，往往難以存續。葛德或許遠比許多人更加誠實，其婚姻因而更加成功——那些人假裝單身狀態更適合自己的主要原因是，他們害怕與另一個人有密切關係後，得面對挑戰與妥協。

弗瑞沒有自行求愛，這一點也可能讓我們覺得奇怪。不過，朋友兼僕人的史基尼爾其實是弗瑞自己的某一面，就像大多數神話中總會有個「替身」執行辛苦的差事。弗瑞是神，而僕役史基尼爾很卑微，既不自負，也沒有尊嚴喪失的問題。雖然他使用魔法工具，但他只是個發言人。這表示，如果要成功建立我們尋求的關係，可能要呈現自己是個普通人，而非高貴重要的人物。史基尼爾也代表了溝通，他具備正確的工具、正確的武器、正確的駿馬和正確的語言。他嘗試了幾種不同的策略，最後在無意間找到正確的方法。在與他人建立親密關係上，這種靈活有創造力與善溝通的能力是這則神話故事提供的重要見解。此外，史基尼爾也堅持不懈。即使面對葛德的頑強抵抗，他也不放棄。他的主人弗瑞可能會因為生悶氣、受傷、遭到拒絕而放棄，但是史基尼爾的情緒不受影響，所以他能在嘗試時保持客觀。也就是說，他不僅代表良好的溝通技巧，也展現了冷靜超然。他沒有尊嚴可失去，沒有脆弱的感情會受到傷害。我們也需要培養這樣的冷靜超然，以便在我們愛慕並設法接近的人身上找出正確的訊息。

史基尼爾企圖用金蘋果和漂亮戒指收買葛德，結果這兩種魔法武器對她絲毫不起任何作用。反倒是利用她害怕孤獨的弱點，要脅將施法術才成功。直到起初的威脅利誘失敗後，史基尼爾才體認到這一點。努力打動對方在神對女巨人的奇異求愛中並不管用，或許在人類求愛上也不管用。這是弗瑞與葛德的故事提供的一項重大但令人焦慮的道理。我們設法用權勢與才華打動對方、贏得愛情的努力可能會失敗。到最後，辨認並說出對方心中恐懼——這只能靠我們自己辨識——的能力可能才是最實際的管道。攻破對方防禦後，才是建立起恆久關係的開端。

妮奈芙的轉變：同理心讓愛更長久

我們在〈梅林的魔法〉那則故事遇見過妮奈芙（見一六三至一六七頁）。在早先的那則故事中，她年輕、冷酷、自私自利，為了獲得權力，不惜陷害魔法師。在這則故事中，她從時間、經驗和痛苦學到了智慧與同情心。唯有透過這種轉變，她才能走進一段真正的婚姻，發現幸福與滿足。

妮奈芙在冒險森林裡焦躁不安地旅行。當年她奪走梅林的祕密與生命時，還是個沒耐性且雄心勃勃的女孩，打從那時起，她變了。那時她想要權勢與顯赫的名聲，卻不明白那樣的想望得付出生命的什麼作為代價。但是此後多年來，她的權勢囚禁了她的心，就像她當年囚禁梅林的心那樣肯定無疑。她因為擁有魔法，可以做常人辦不到的事，但這一點不僅沒有讓她變得自由，反而使她成為無助者的奴隸。她擁有治療的能力，使她成為病人的僕役，她創造財富的本領讓她與不幸的人緊緊相繫。而她對他人隱情的認識，屢屢揭穿偽裝下的邪惡，使她不得不持續參與對抗在她周遭上演的貪婪與叛國的陰謀不軌。不僅如此，她悲傷地意識到，雖然她的力量讓她待在弱者與不幸的人身邊，它卻沒讓他們待在她身邊，因為他們無法提供友誼當作償還人情的報答。因此，妮奈芙發現自己孤單又寂寞，受人讚揚卻無人親近。她時常想念過去的時光，那時所有人會把愛與友好也同時扔進錢櫃中。因為沒有人比只付出的人更孤寂，也沒有人比只接受卻厭惡債務重量的人更憤怒。她在每個地方都只待上少少的時間，因為因她的服務而生的歡喜，最後總會變成面對她的力量時的惶惶不安。

穿越森林時，她走過一個年輕鄉紳的身邊，看見他正在哭泣。被問到是怎麼回事時，他透露他敬愛的主人遭其夫人背叛。此刻他主人的心已碎，雙臂張開躺著等待死亡。

「帶我去見你的主人，」妮奈芙說。「他不該為了一個可恥女子的愛而喪命。如果她對所愛之人冷酷無情，那麼適合她的懲罰是讓她去愛，卻不被人所愛。」

於是這名鄉紳護送她來到他主人佩利亞斯爵爺（Sir Pelleas）的床邊。爵爺雙頰深陷，額頭滾燙。妮奈芙心想，她從未見過容貌這麼端正英俊的男人。

「為什麼善人要對惡人唯命是從？」她邊說，邊用自己冷涼的手安撫他顫抖的額頭。她對他輕唱起歌兒，她的魔法為他帶來平靜與無夢好眠。接著她找到那位不忠的夫人艾塔黛（Ettarde），把她帶到睡著的佩利亞斯爵爺床前。

「妳怎麼敢將死亡帶給這樣一個男人？」妮奈芙質問道，因為她無法忘記自己曾經對梅林做過的事，總是活在痛苦的懊悔中。「妳是什麼東西，妳有什麼資格不善待他人？我要讓妳嚐嚐妳對別人造成的痛苦。妳已經感受到我的咒語，妳開始愛上這個男人了。妳愛他，勝過這世上任何東西。妳願意為他而死，妳就是這樣深深愛著他。」

中了咒的艾塔黛喃喃複述，「我愛他。天啊！我愛他。我怎麼會愛一個我先前如此鄙視的人？」

「這是妳慣於帶給他人痛苦折磨的一小部分，」妮奈芙說。「現在妳會見識到另一面。」

妮奈芙對睡著的騎士附耳低言，接著喚醒他，後退一步，觀看後續發展。當佩利亞斯瞥見艾塔黛，心中滿是對她的嫌惡，當她伸手向他示愛，他厭惡地迴避。「走開！」他大聲嚷道。「我無法忍受看見妳。妳既不忠又冷酷。妳走，別再讓我看見妳。」艾塔黛頹然坐在地上，哀哀哭泣。

妮奈芙說：「現在妳明白這種痛苦了。這就是他以前對妳的感受。」

「可是我愛他呀！」艾塔黛尖叫著說。

「妳會永遠愛他，」妮奈芙說。「而且妳死的時候，妳的愛還是沒人要。那會是個不流一滴血、枯萎的死亡。現在就迎向妳歸於塵土的死亡吧。」

然後妮奈芙回到佩利亞斯身邊，對他說：「起來重新開始生活吧。有一天你會找到你的真愛，而她也會找到你。」

「我已經耗盡愛人的能力，」這名騎士憂傷地說。「一切都結束了。」

「不完全是如此，」妮奈芙說。「抓住我的手。我會幫助你找到你的愛。」

「妳會陪著我，直到我找到那個人嗎？」他問。

「我會，」她說。「我保證陪在你身旁，直到你找到你的愛。」

他們從此一起過著幸福快樂的日子。

故事告訴我們的事

這則故事有許多深刻的見解，告訴我們有關愛人的能力和創造一段持久關係的可能性。特別是它告訴我們，我們必須容忍自己的行動帶來的內在後果，而這種深刻的正義雖然未必總是能從外在生活窺見，卻能改變我們的內心，讓我們從冷漠、自我中心的生物變成有能力理解與同理的人。也許我們生來就有愛人的潛能，但唯有經歷過真實認識自我帶來的痛苦，才能觸發那個潛力。

妮奈芙首先發現，權勢與地位永遠都各有其代價，而這個代價往往是與我們的同胞隔離。無論我們的權勢源自財富、知識、世俗成就、特別的藝術或治療天分、不尋常的美貌或性別氣質，如果我們用自己的獨特之處定義自己，就必須接受獨自一人的重擔。我們不能指望我們對他人的服務能為我們贏得愛，因為如同妮奈芙吃過苦頭才學會：人情債與愛是很差勁的盟友。

妮奈芙也發現，懊悔自己曾傷害別人是無法單憑遺忘或行善贖罪就能輕易擺脫。當我們用冷酷無情或強烈渴望權勢傷害同胞時，我們內心深處明白自己做了什麼好事，我們必須一輩子忍受這件事的內情。尋常的內疚通常是個無用的機制，因為它往往只是在思想上承認我們應當受到譴責，但缺乏真正的感情。可是，當我們徹底認清自己毫無道理地造成他人痛苦時，會產生比較深刻的悔悟。深感懊悔能改變我們。妮奈芙對梅林所做的事無法改變，但等她年紀漸長，體驗到寂寞後，她在心裡帶著這份知情，而它會挫她的銳氣，讓她保持謙卑。

妮奈芙產生想幫助佩利亞斯爵爺的念頭，並不是因為她認為自己可以將他據為己有，而是因為她在艾塔黛夫人對他做的事情上，看見自己曾對梅林做過類似的事。她認定佩利亞斯是個好人，而一個和年輕妮奈芙頗有雷同之處的女子，用她的冷酷和不忠幾乎要毀了他。妮奈芙對艾塔黛的憤怒其實是表達她對自己的怨懟，她真正懲罰的是她自己。她再清楚不過，這個英俊的騎士，值得擁有比眼前這種和過去的她一樣的女人更好的對象。當他聲稱自己無法再愛人時，她同情憐憫他，讓她發誓要幫他找到另一段愛情，卻沒想到自己會是那個戀人。

妮奈芙代表佩利亞斯採取的行動完全不是出於私利，因此，可說是與她過去所做的事不同。她急於匡正艾塔黛犯下的錯源自她的懊悔。她痛苦地體認到，沒有善待真心愛我們的人是錯的。這是個重大的改變，使她從過去的毒害中得到解脫。而她的獎勵是她從未主動要求過的一段持久之愛。人類有許多著述嘗試理解持久愛情的本質及婚姻幸福的祕密。這則故事或許沒有完全解答我們的這類疑問，但是它包含了極端重要的訊息，告訴我們愛與自我認識之間的神祕關係，還有謙遜與真正同理他人之間的連結。妮奈芙的故事也揭露了以「做好事」作為獲取權勢並減輕孤寂的方法，和因自我理解產生同情心而為他人服務，兩者間的差異。

阿爾喀斯提斯與阿德梅托斯：愛對方勝過愛自己

阿爾喀斯提斯（Alcestis）願意用自己的生命拯救丈夫性命的希臘故事流傳下來，象徵婚姻中最崇高的自我犧牲。人類時常沉溺於看似自我犧牲，實則確保對方忠誠的祕密手段。婚姻中的自我犧牲往往是一種無意識的「交易」，企圖收買伴侶的仰慕。這則神話描繪的是將心愛的人放在第一位，並非因為暗自盼望未來的回報，而是因為對心來說根本沒有其他選擇。

阿爾喀斯提斯是珀利阿斯國王（King Pelias）最漂亮的女兒，許多國王與王子都希望能與她成親。珀利阿斯國王不希望因拒絕他們任何一個而危害自己的地位，但顯然只能讓一個人滿意，於是他公告周知，只要有人能給一隻野豬和一頭獅子套上軛，讓牠們拖著挑戰者自己的雙輪戰車在賽馬道上跑一圈，他就把阿爾喀斯提斯許配給那人。這個消息最後傳到斐賴（Pherae）的阿德梅托斯國王（King Admetus）耳中。阿德梅托斯立刻召喚太陽神阿波羅，後者被萬神之王宙斯派來擔任牧人一整年[4]。

「我是否因為你的神性而敬重你呢？」阿德梅托斯問太陽神。

「你確實對我以禮相待，」阿波羅回答，「而我讓你所有的母羊都產下雙胞胎，表示我的感激。」

「請幫我最後一個忙，讓我達成珀利阿斯開出的條件，助我贏得阿爾喀斯提斯。」阿德梅托斯說。

「我很樂意這麼做。」阿波羅答道。不久，阿德梅托斯駕著自己的雙輪戰車，由獅子與野豬的凶猛組合拉車，繞著賽馬道奔跑。

一切都進行得很順利。但是在婚禮上，阿德梅托斯因為太過喜悅，竟忘了按習俗向月亮女神阿提密斯獻祭。阿提密斯很快就降下懲罰。當晚，當他喝得滿臉通紅，戴著花冠走進新娘房，卻害怕得退縮了。在洞房床上等他的不是可人的赤裸新娘，而是糾結成團、嘶嘶作響的蛇群。阿德梅托斯邊跑邊大聲呼喚阿波羅，後者友善地代他朋友排解與阿提密斯的誤會。被疏忽的祭品立刻被獻上。阿波羅甚至還得到阿提密斯的承諾，當阿德梅托斯的死期來臨，只要某個家人因為愛他而自願代他受死，他就能免於一死。

這個致命的日子來得比阿德梅托斯預期的早，雖然它早就由命運三女神在生命之初就決定好了。天界信差赫美斯有天早晨飛進宮殿，召喚阿德梅托斯前往冥府。大規模的恐慌瀰漫整個王國。阿波羅將命運三女神灌醉，為阿德梅托斯爭取到一些時間，因而延遲了阿德梅托斯的生命線最後被斬斷的時間。阿德梅托斯匆匆趕到他年邁的雙親身旁，緊抱住他們的膝蓋，輪流乞求他們代他交出自己最後的時日。但是兩人都拒絕了他，說他們仍然從人生中得到許多歡樂，而他應該像其他人一樣，安於自己既定的命運。

然後，阿爾喀斯提斯因為愛阿德梅托斯而服下毒藥，她的魂魄下到冥府，實現了阿波羅與阿提密斯之間的協議，讓阿德梅托斯活得久一點。但是冥府女神波賽芬妮認為這是件不道德的事，因為除了愛他的妻子之外，沒有人願意做出那樣的犧牲。同為女人，她能理解阿爾喀斯提斯偉大的愛情，決定要獎勵它，所以她將阿爾喀斯提斯送回陽間。這對夫妻後來幸福地活了很久很久。

故事告訴我們的事

表面上，這則感人故事的訊息夠清楚：一個女人感受到丈夫滿滿的愛，促使她為心愛

4 譯注：阿波羅的兒子阿斯克勒庇俄斯（Asclepius）是希臘神話的醫神，用醫術讓死人復生，不見容於宙斯，被宙斯以雷電殺死。一心想復仇的阿波羅殺了為宙斯打造雷箭的獨眼巨人（Cyclopes），結果宙斯罰他為凡人阿德梅托斯國王服務一年。

的人犧牲自己的性命。但是這則神話中還藏有其他主題，告訴我們更多有關婚姻的本質，甚至是生命本身的奧祕。打從一開始，這段婚姻就與幾個天神有關聯，他們得為故事中的大多數行動負起責任。阿波羅是個有影響力的偉大天神，但是他擔任阿德梅托斯的僕人與朋友，在需要時提供必要的協助。這個神是誰？他在故事中象徵著什麼呢？身為太陽的主宰者，他代表的是光——精神之光，也是思想之光。阿德梅托斯是個神志清醒且心靈充滿活力的人，因此他能成功應對阿爾喀斯提斯的父親向眾多追求者提出的挑戰。用軛把獅子與野豬套在一起，成為拉動雙輪馬車的動力，代表了控制本能，並將原始力量引向文明的目標。換句話說，阿德梅托斯努力克制自己的本能天性，與自己的內在精神建立了持久的關係。簡而言之，他站在生命與光明的這一方，也因此，他很幸運能娶得美嬌娘。

他第一次犯錯，輕忽怠慢了月神阿提密斯時，得到原諒。阿提密斯是個與野性有關聯的神，是原始本能的象徵，因此，阿德梅托斯的自制力與意識讓她很生氣。但是阿波羅解決了這個問題，還為阿德梅托斯爭取到更長的壽命，只要有人夠愛他，願意代他赴死。接著，阿波羅處理命運三女神這個問題的辦法是灌醉她們，這在希臘神話中是個極不尋常的景象，因為就連諸神也必須服從命運。也許這則故事想告訴我們，意識與精神信念讓人有可能擺脫命運三女神象徵的那種盲目衝動。就連死亡——至少在心理層面上——也能透過這樣的內在認識而被擱置一段時間。

阿德梅托斯問年邁的雙親是否願意捐棄自己的性命，讓他倖免於死？他們的反應和我們預期的完全相反：他們斷然拒絕。如果我們認真看待這則神話描述的訊息，就會發現父母對子女的愛，乃至於子女對父母的愛，有時是相當靠不住的。在家人之間被誤認為是愛的東西往往根植於互相需要、倚賴和恐懼分離的緊密關係，而不是由互相尊重與豐富感情引發的真摯之愛。出於這個理由，當我們最需要家人認可我們的個性時，他們往往會讓我們失望。只有阿爾喀斯提斯準備為阿德梅托斯犧牲自己的性命。她很重視他，毫無疑問願意成為祭品。雖然我們可能永遠無須為親人做出這類全然的犧牲，但是在每段關係中總有許多時刻，會因為我們肯定另一個人的價值，讓我們把對方擺在第一位，卻沒有思考那會對我們造成什麼後果。這種犧牲不是基於期盼未來能得到回報，也不是暗自企圖用人情債綁住對方，而是出於真心真意，除了給予，不做他想。

因為這種全然慷慨的行為，使得冥府女神波賽芬妮拒絕允許阿爾喀斯提斯喪命，更將她送回陽間。波賽芬妮代表的是生命神祕、不為人知的面向，象徵被理性意識遮蔽的大自然與時間的循環。她不代表社會的評斷，而是反映出更深層次的自然法則，並據此處理心理影響。我們可以把她視為無意識的心靈據以運作的法則。因為阿爾喀斯提斯從未尋求回報，所以她得到回報；因為她從未嘗試索討幸福，所以獲得幸福；因為她把愛放在自己的利益之上，所以過著愛人與被愛的生活。期待任何人一直這樣坦率地過日子是不切實際的。但是當我們超越個人動機與目標，把別人看得很重要，也讓我們暫時忘卻自己的需求與期望，就能一窺阿爾喀斯提斯的獎勵神奇之處。無論這插曲多簡短，都是非常療癒的經驗，能讓生命煥然一新。少了它，我們無法期望婚姻關係的基本核心能被實現。

奧德修斯與潘妮洛普：彼此信賴，才能闖過難關

奧德修斯（Odysseus）與潘妮洛普（Penelope）的婚姻不過是特洛伊戰爭偉大傳奇的一小部分。儘管兩人都飽受重重考驗與誘惑的困擾，但他們的故事是婚姻中可能存在忠誠與信賴的非凡寫照。

奧德修斯與潘妮洛普是綺色佳島（Ithaca）王國的統治者，為獨子帖勒馬赫斯（Telemachus）的誕生歡喜不已。當奧德修斯被要求參與特洛伊戰爭時，他很不想離開心愛的年輕嬌妻與小寶寶，因為他預見這一仗將會漫長又艱苦，所以他假裝發瘋。因此，當聯軍統帥阿加曼農與帕拉米德（Palamedes）抵達這個岩石遍布的小島召集奧德修斯一同參戰時，發現他忙著將鹽巴播撒在田地上，和一頭驢與一隻牛並肩負軛犁田。足智多謀的奧德修斯原本希望這麼做能說服他們相信自己瘋了，無法上戰場，偏偏帕拉米德也很多謀，他突然抱起帖勒馬赫斯，把孩子放在犁具即將經過的路上。奧德修斯迅速護兒的反應證明他根本沒瘋，只得不甘不願地加入艦隊，航向特洛伊。

傷亡慘重的特洛伊戰爭拖了整整十年。最後，奧德修斯終於能夠回家了，卻沒想到在回家的路上還有更多阻礙等著他。他不小心冒犯了波塞頓，這位海神派出多場暴風雨將奧德修斯的船吹離航道。重重考驗與誘惑接踵而至，女魔法師喀爾克（Circe）、美麗的仙女卡呂普索（Calypso），以及娜烏西卡（Nausicaa）公主的魅力陸續迷倒他，將他留置了好一段時間。但是在他心中，妻兒才是最重要的。雖然又花了十年，最後他終於回到了家中。

同時間，潘妮洛普等待著，期盼她心愛的丈夫能找出方法回到她和帖勒馬赫斯的身邊。他不在的時候，許多追求者來到綺色佳島，企圖說服她別再指望奧德修斯，不如早早改嫁他們其中一人。他們全都覬覦這個島嶼王國，何況潘妮洛普仍舊明豔動人。她必須找出方法擊退這些求婚者（有人說，人數至少有一百一十二人），於是她允諾等她為公公織好壽衣後，就會從中擇一為婿。話雖如此，儘管她白天花很多時間編織，但是到了晚上，她會暗地拆除白天的成果，因此始終無法完成這項任務。雖然夫妻分別二十年後很難堅持相信奧德修斯會安全歸來，但是潘妮洛普仍設法保持自己的信心與忠誠，最後終於盼得丈夫還鄉、闔家歡樂團聚的回報。

故事告訴我們的事

奧德修斯與潘妮洛普的神話顯示出一種經得起時間、誘惑與長久分離考驗的感情。但這只是因為兩人互相信任，拒絕放棄共同的理想。他們兩人都受到嚴峻的考驗，兩人也偶爾會犯錯。在某些版本的故事中，潘妮洛普和奧德修斯都曾沉迷於其他戀情，但考慮到兩人分離二十年，這也是可以理解的。然而，兩人對彼此、對兒子的愛與關懷將他們緊緊相繫，支持他們度過最難熬的時光。在荷馬的偉大史詩《奧德賽》（*Odyssey*）中，奧德修斯沿途碰上不同女人誘惑他留下別走，這時他總會把思緒拉回到潘妮洛普與帖勒馬赫斯身上。他們可以順利勾引他，但無法真正觸動他的心，因為他早已心有所屬。

潘妮洛普不停編織的形象在過去兩千多年來吸引了讀者的想像。那是件壽衣，她白天編織，晚上拆解。這件事撐起她的忠誠，甚至能緩解她的寂寞，它代表什麼意思呢？壽衣反映出死亡的主題——戀情亡佚，對過往鬆手，終結過去的關係與依戀。儘管她在眾人都看得見的時候不斷編織，但是等她獨自一人時又把它拆開，拒絕放棄她和缺席的丈夫共享的愛情、記憶與交織的過去。

編織也是人生本身的典型印象，由不同脈絡、經驗、感受與事件組成一塊布。每個人都有自己獨一無二的故事，從誕生時開始編織，在死亡的那一刻完成。潘妮洛普拒絕接受以前生活所編織的布片已經完成。她既不回望過去，也不展望未來。她活在當下，忠於自己的直覺與感受，不願受脅迫放棄希望，但同樣不願受無益幻想折磨。實際上，她完完全全、徹徹底底地活在當下。至於縫製壽衣不過是個幌子，是她保護自己免受追求者糾纏的手段。這種無視他人堅稱的現實而忠於自己的心，以及順其自然的能力，也許是這段神話婚姻能如此耐久的真正關鍵。對奧德修斯來說，思念妻兒讓他記得心底最深切的價值觀和想望是什麼。對潘妮洛普而言，時時保持內心平靜，拒絕對自己說「情盡緣了」的能耐是得長時間努力且不容易做到的事。愛的本質能對抗時間、距離與身體損傷，況且除了偉大的藝術和剎那的神視（mystical vision）之外，愛也許是我們凡人所能體驗並從中瞥見永恆的唯一窗口。假如我們能找到它，就算只是親密關係中的短暫片刻，也能發現不朽的一大祕密。

有人認為正是這兩個神話人物相隔遙遠，才讓不離不棄成為可能，這種推測也挺有趣的。倘若奧德修斯與潘妮洛普二十年來每天都在綺色佳島過著沉悶的生活，他們的愛還會存在嗎？還是說他們把對方理想化，加上缺席與渴望的滋養，反倒有助於他們的愛情充滿活力？紀伯倫在《先知》（*Prophet*）中談到婚姻這個主題：

「在你們的相依中保持些許空間……
並肩而立，但別靠得太近。
因為神殿的柱子分別矗立，
而櫟樹與扁柏不會長在彼此的遮蔭裡。」

第四部

身分地位與權力

挑戰找出自己行走世間的方法，對某些人來說很刺激，對其他人來說則很可怕。我們總是不斷思考成功與失敗，在保有對他人的同情心下，過度自信是一種不容易培養的特質。然而，金錢、地位與權力不僅僅是「外面世界」可擁有的東西，它們也具有深刻的象徵意義，反映出人心最深層的價值觀。有很多神話故事都跟野心和貪婪、權力與失敗、對他人的責任感與不負責任等議題有關。它揭露我們對金錢最根本的態度，以及金錢時常象徵或取代自我價值和渴望愛的方式。神話故事也能教我們如何找到自己在這世上的適當位置，還有志業的意義。它們能讓我們對自己在社會上的互動有更深入的見解。我們對什麼是「對」或「錯」有許多既定標準。但是當神話緩緩揭露我們的優點與缺點、我們的實話與偽善、我們的錯誤價值體系、我們對自己的世俗動機缺乏理解，以及面對境遇比我們好或壞的人，心裡時常湧現的矛盾態度，神話時常會讓我們感到驚訝。

第一章

找到志業

Vocation（志業）這個字來自拉丁字根，意思是「召喚」。它反映出我們來到這世上必須完成某個強烈的內心願望，或有意義任務的感受。雖然志業未必包含一份廣受認可的職業或逐漸增多的錢財，但它需要心的參與，好讓我們感覺自己確實在人生中找到了一席之地。它也需要能向外展現，讓我們覺得已達成來到這世上的任務。對某些人來說，志業涉及爬上其職業的頂端。對其他人而言，它可能牽涉到養育小孩，或把自家花園打理得很漂亮等無聲但同等堅定的行動。無論是透過一項工作來實現，或是在尋常工作生活外靜靜追求，我們全都需要某種志業感。然而我們時常困惑於如何找到自己的志業，此外，在找到志業後，如何讓它變得清楚確實。志業可能來自內心靈感，或是從外部需要逐漸演變而成，它會推動我們走上一條日後才會發現它絕對正確的道路。神話提供兩者的實例，以及在世上前進時該做什麼，又不該做什麼的建議。

路格：一個人當好幾個人用

在凱爾特神話中，路格（Lugh）進入達努神族（Tuatha Dé Danann）殿堂的故事是個有趣的教訓。它告訴我們如果想在這世上找到屬於自己的正確位置，就得堅持不懈。志業可能來自內心的使命感，但是它不僅需要內心有熱情，也得對外在世界具備適應力。路格是個性格多變的人物，具有部分神性及部分騙子手腕。在這個故事中，他變色龍般的多才多藝反映出，凡是有意找到自己人生道路者，必須具備的一種最重要特質。

女神達努（Danu）的後裔達努神族時常聚會。有一天，他們在塔拉（Tara）舉辦盛大的宴會，慶祝奴艾達國王（King Nuada）重返王位。盛宴進入高潮時，一個穿得像國王的陌生人來到王宮大門。門房問他叫什麼名字，來這兒有什麼事。

「我是路格[1]，」這個陌生人說。「我是迪昂謝（Diancecht）的孫子，齊安（Cian）是我父親。我也是巴洛（Balor）的外孫，艾絲紐（Ethniu）是我母親。」

「好，好，」門房不耐煩地說：「但我問的不是你的家譜。你的職業是什麼？除非你是某種技藝的專家，否則無法獲准入內。」

「我是木匠。」路格說。

「我們不需要木匠。我們已經有了一個非常厲害的高手，他的名字叫做拉取坦（Luchtainé）。」門房說。

「我是出色的鐵匠。」路格接著說。

「我們不想要鐵匠。我們有很厲害的能手，他的名字叫做戈布紐（Goibniu）。」門房回應。

「我是職業戰士。」路格又說。

「我們不需要。歐格瑪（Ogma）是第一流的鬥士。」

「我是豎琴師。」

「我們已經有個優秀的豎琴師。」

「我是以技巧聞名，而非單靠力量取勝的戰士。」

「我們已經有像那樣的人了。」

1編按：愛爾蘭和高盧的光明神、藝術神、戰神、工匠和詩人之神。

「我是詩人，還會說書。」

「我們沒有那樣的需求。」門房說：「我們有個才氣無雙的詩人暨說書人。」

「我是魔法師。」

「我們不缺人。我們有數不清的魔法師和祭司。」

「我是醫師。」

「迪昂謝就是我們的醫師。」

「我會侍酒。」

「我們已經有九個侍酒人了。」

「我是青銅工匠。」

「我們不需要。我們已經有青銅工匠了，他的名字是奎德尼（Credné）。」

「那麼請你問問國王，」路格說：「他有無手下同時精通所有這些技藝？因為要是他有，我就不需要來塔拉了。」

於是門房入內，向國王稟報有個名叫路格的人自稱「精通所有技藝」（*Ioldanach*），宣稱他什麼都懂。國王派出最厲害的棋士與這陌生來客對奕。路格贏了，還發明了一種新著法，叫做「路格包圍」（Lugh's enclosure）。國王因此邀請他入宮。路格走進王宮，在稱為「智者席」的椅子上落坐，那是保留給最明智者的座位。

第一流的鬥士歐格瑪推動一塊需要八十頭牛才拉得動的巨大石板，藉以炫耀自己力大無窮。儘管這石板如此巨大，卻只是一塊更大岩石的破碎一角。路格用雙手舉起石板，將它放回原位。接著國王要他彈奏豎琴。路格演奏「催眠曲」，使國王和所有朝臣全都睡著了，直到翌日同一時間才醒來。然後路格彈起一段悲傷的旋律，使眾人都哭了。接著他彈了一小節樂曲，讓他們欣喜若狂。

等國王見識過路格形形色色的眾多才華後，他明白這麼多才多藝的人可以大大幫助他的人民對抗他們的敵人。與其他人商量後，他將君權借給路格十三天。路格因此成為達努神族的戰爭領袖。

故事告訴我們的事

立志「精通所有技藝」對任何人來說，涵蓋的才能數量都太過龐大，況且我們應徵工作時通常並不需要這樣徹底精通。但是路格的故事告訴我們，如果想在持續變動的世界中找到一席之地，需要學得各式各樣的技能。這個古老的凱爾特故事出奇地務實與現代，因為它告訴我們獲得許多相關主題的知識很重要。即使我們只想在某項主題上下功夫。想專攻一件事，進而只精通它的想法在幾十年前可能是恰當的。當時的就業市場不同於今日，且電腦時代尚未開始。而今這世界正以不可思議的速度發生變化，如果想在競爭中求勝，在物質目標上大有斬獲，就可能需要路格這樣靈活機智的十項全能。

此外，路格也堅持不懈。如果我們想讓自己的渴望成真，這個特質極為重要。首次遭到拒絕後，他並沒有因痛苦惱怒而離開，也沒有因此生氣或態度傲慢，他只是用另一項提議來反擊每一次的拒絕。他知道自己必須說服國王相信他不僅僅是個最厲害的豎琴師、戰士或木匠，而且有能力勝任多種職務，一人可抵數人用。他的信心來自對自己的認識，以及在許多不同技藝上的訓練。簡言之，他能說服包括國王在內的每個人相信他的價值，乃是因為他相信自己。這種信心並非建立在某種自我膨脹的想像上，而是奠基於扎實的實務經驗上。這則非常務實的神話生動地描述了置身外面的世界，我們需要用什麼來武裝自己，以及該如何向我們求助的對象介紹自己。我們幾乎能聽見國王在心中盤算，雇用這個能做六份工作的人可以帶來何等成本效益。路格是非常現代的神，他充分意識到市場力量。關於追求志業，還有許多更深入、更重大的議題，我們會透過其他神話加以探討。但是路格的故事告訴我們，旅程必須始於腳踏實地。

兩兄弟：發自內心的謙和

這則東非故事讓我們明白，要找到我們想在這世上尋覓的事物，就必須遵守無形的法則。兩兄弟其中一個弄錯了，另一個答對了，並不是因為後者更聰明或更強壯，而是他回應了沿路遇見的那些人的需求。

某人有兩個兒子。長子叫做恩庫納爾（Mkunare），次子名為康洋嘎（Kanyanga）。他們非常貧窮，連一頭牛也沒有。有一天，恩庫納爾表示他想爬上吉力馬札羅山（Mount Kilimanjaro）雙峰之一的基博峰（Kibo），聽說統治當地的國王對窮人很慷慨。他希望能讓家人和親戚不再貧困，並認定這是他的使命。

恩庫納爾帶了些食物，其實是家中所有的備用食物出發上山。走了一會兒，他遇見一個老婦人坐在路旁。她的眼睛很不舒服，什麼也看不見。恩庫納爾向她問好。

「你為什麼會來這個地方？」老婦人回應道。

「我來找住在山頂的國王，」恩庫納爾說。

「把我的眼睛舔乾淨，」老婦人說，「我就告訴你怎麼去那裡。」

可是恩庫納爾覺得她的眼睛狀況很噁心而不願照辦，便繼續踏上旅程。再往上爬，他來到空英苟（Konyingo，意為「矮人」）這個國家，看見一群男人坐在他們國王的牛圈中。這些人非常矮小，約莫小男孩的身高，恩庫納爾誤以為他們是孩童。

「喂！」他高聲喊，「我該上哪兒找你們的父親與兄長呢？」

這群空英苟人回答，「就在這裡等，他們快到家了。」

恩庫納爾苦苦等候，直到傍晚誰也沒出現。空英苟人在夜幕低垂前將牛群趕進牛圈，還宰了一頭牛當晚餐，可是他們沒有分半點肉給恩庫納爾。他們說，他必須等他們的父親與兄長回到家才能吃飯。恩庫納爾又累又餓又失望，最後決定下山，也再次遇見坐在路旁的老婦人。雖然他努力嘗試說服她，對方卻不願為他指點迷津。返家途中，他在一個荒無人煙的國家迷了路，整整一個月後才回到家。鎩羽而歸的他告訴族人，基博峰的居民養了一大群牛，可是他們生性吝嗇，不願把食物分給陌生人。

後來次男康洋嘎決定上山，再次嘗試改善貧困的家境。過了一會兒，他也遇見坐在路旁的老婦人。他問候她。她問起他為什麼到山上來，他說自己想找住在山頂上的國王。

「把我的眼睛舔乾淨，」老婦人對康洋嘎說：「我就告訴你怎麼去那裡。」

康洋嘎同情這個老婦人，徹底將她的眼睛舔乾淨。

「繼續向上爬，」老婦人告訴康洋嘎，「就會抵達國王住的地方。那裡的男人身高和男孩差不多，可是別妄下結論，認定他們是孩童。用國王的顧問團成員來稱呼他們，恭敬地問候他們。」

再往上爬，康洋嘎來到空英苟國王的牛圈，他謙恭有禮地向那群個頭矮小的男人致意。他們帶他去見國王，國王聆聽他的請求後，下令給他一頓吃的，讓他當晚有地方可以過夜。為了感謝他們的好客，康洋嘎把咒語和藥劑傳授給空英苟人，讓他們能保護成長中的作物免受昆蟲與其他害獸侵害，並且在無形間阻斷敵人的入侵道路。眾矮人很高興能得知這些新方法，所以每個人都從自己的牲畜中分一頭動物給康洋嘎。他唱著牧牛歌趕牛群下山。康洋嘎從此發達致富，他的族人也跟著發達。眾人做了一首跟他哥哥恩庫納爾有關的歌，至今仍傳唱不止。

「喔，恩庫納爾，在這裡等所有的父親來吧。

你憑什麼瞧不起矮人呢？」

故事告訴我們的事

恩庫納爾就像許多人，知道自己想要什麼。他希望發達致富，幫助家人與族人，因而需要某個有能力幫助他的人出手相助。此外，跟許多人一樣，他非常專注於實現自己的目標，沒有注意到周遭究竟發生了什麼事，對沿途遇見不如自己幸運的人沒有半點同情心。因為他讓老婦人覺得不快，又沒仔細觀察矮小的空英苟人究竟真的是男孩或男人，因此得不到任何幫助，必須空手回家。我們也可能太專注於想在人生中成就的事物，因而失去了保持對眼前事物的知覺能力。但是無法活在此時此刻可能會讓我們蒙受失去長久渴望實現目標的風險。

恩庫納爾遇見的那名老婦人是時運不濟的人，但是她也擁有某些非常重要的資訊，少了那些資訊，恩庫納爾無法得到他尋找的事物。我們可以將她理解成那些境遇不如我們的人，他們從慘痛的經驗中獲得我們需要的智慧。或者可以將她看成象徵生活痛苦且不公的那一面，如果我們想了解自己所處的世界，就必須面對它。無論怎麼理解她，訊息都很清楚：不回應她的要求，會導致對真正事實的致命無知，從而帶來失敗。類似這名老婦的人物在神話中很常見。他們有時候被描繪成尋求幫助的窮人、病人或長者，或是亟需援助的動物。他們出現時，總是用某些極其重要的知識或能確保未來成功的器具，來獎勵回應其懇求的那些人。我們在生活中全都可能遇到類似情境，卻經常無法辨認出眼前面臨事物的重要性，也未能展現應有的同情心。

恩庫納爾的第二個錯誤是，因為他認為眾矮人是孩童，便用無禮的口吻跟他們說話；這個錯誤必然是由第一個錯誤所引發。因為他們不符合恩庫納爾認為國王顧問團應有的模樣，便用「高高在上的口氣」對他們說話。我們可能會發現，自己也同樣會光憑外表評斷他人，無禮地對待對方，從未意識到，他們其實可能握有我們熱切追求目標的關鍵線索。就算這些矮人真是孩童，也值得被尊重。如果他們聰明到知道如何牧牛，就值得恩庫納爾客氣地跟他們說話。然而他沒把他們放在眼裡，所以他們就讓他為自己的沒有禮貌付出代價。恩庫納爾並未從這一切學到任何事，反而在事後告訴每個人空英苟人非常吝嗇，不願與他分享任何事物。對他人抱持如此負面且憤世嫉俗的觀點往往不是他人小氣，而是我們自己太愚蠢招致的結果。

康洋嘎和他哥哥不同，不被冷漠無情或事物的表象給蒙蔽。他同情老婦人，給她所需的事物。如果他對此心生厭惡，則證明他的同情心更為強大。為幾近全盲的老婦人舔舐她不舒服的眼睛是個驚人的畫面，意味著對別人的痛苦與失望給予不遺餘力的安慰。因此，康洋嘎得到重要的提醒，千萬別將矮人當成小孩。但是他不只遵循忠告，更進一步用自己的大方回應空英苟人的慷慨，把他懂的一切傳授給他們。這個舉動不是為了得到回報的算計，而是發自內心的給予。他因而成功地將財富以牛群的形式帶回家。此處的訊息再清楚不過了。

法伊頓與太陽戰車：衝得太快太遠

法伊頓（Phaëthon）的悲傷希臘神話故事透露出年輕人想在這世上找到自己的位置時，會懷有許多抱負並遭遇無數困難。它發出嚴厲的警告，反對年輕人嘗試衝得太快太遠。也許更重要的是它讓我們明白，想要踏著我們敬佩的父母的腳步前進，並不總是找到自己志業的明智之舉。

太陽神阿波羅的宮殿由發亮的柱子支撐，聳立在天上熠熠生輝，顯得燦爛奪目。阿波羅與凡人女子所生的兒子法伊頓來到這美麗的地方，看見他的天神父親坐在一張巨大的黃金寶座上，被一群隨員包圍：日、月、年、世紀，還有四季，繆思女神（Muses）優雅地往復移動，奏出美妙的樂音。阿波羅驚訝地注意到這個俊俏的青年沉默驚奇地站著凝視周遭輝煌的一切。

「我的孩子，你怎麼來了？」阿波羅問道。

「地上的人嘲笑我，還中傷我的母親克里梅妮（Clymene），」法伊頓回答。「他們說我只是假裝自己有神的血緣，但其實我是某個無名凡人的兒子。所以我來求您給我一個信物，向這世界證明我的父親確實是太陽神阿波羅。」

阿波羅起身溫柔地擁抱兒子。他對這個年輕人說：「在世人面前我絕不會不認你。但假如我的保證還不能讓你安心，我向斯提克斯河發誓，無論你的願望是什麼，我都會應允。」

「那麼請讓我最大的心願成真吧！」法伊頓說：「讓我駕駛有翅膀的太陽戰車整整一天！」

恐懼和憂傷在太陽神發亮的臉龐投下了陰影。「你騙我說出那些魯莽的話，」他傷心地說：「但願我能收回承諾！因為你向我要求的事遠遠超過你的能耐。你還年輕，是個凡人，但是你渴望的事只有神才有資格去做，而且不是所有的神都能勝任，因為只有我被允許去做這件讓你躍躍欲試的事。我的戰車必須在一條很陡的路上疾馳。就算那些駿馬在黎明破曉時精力最充沛，那條路對牠們也是個困難的爬升。當我打直腰桿站在戰車上，在那樣的高度也時常被甩得心生畏懼。當我俯瞰下方距離很遙遠的大地，總感覺頭暈。這趟路程的最後一段是急速下降，必須穩當有力地抓住韁繩。就算我把戰車交給你，你有能力控制它嗎？千萬別堅持要我信守承諾，趁還有時間，另外許個願望吧。你可以選擇天上或人間所提供的任何其他事物，就是別要求這件危險的事！」

可是法伊頓不想放棄，求了又求，而阿波羅畢竟已經許下神聖的誓約，最後他只好牽起兒子的手，來到太陽戰車前。車桿、車軸和車輪圈全都是黃金做的，車輪輻條是銀製的，衡軛上鑲著閃閃發亮的珍貴寶石。當法伊頓站在馬車旁驚嘆時，黎明已在東方甦醒。阿波羅命令小時幫神駒套上軛，自己則在兒子的臉龐塗上神奇膏藥，讓他能耐得住火焰的熱氣。

「兒子啊，別用刺棒，善用韁繩，因為這些駿馬會自行奔馳，」他說：「你的工作是讓牠們的飛行減速。記得遠離南北兩極。速度不能太慢，否則大地會著火，但也不能太快，否則會把天空燒毀。」

這個小夥子把父親的建議當作耳邊風。他一跳進戰車內，神駒便躍上跑道，衝破晨霧。但是牠們很快就發現今天的負擔比平常輕，這些神駒脫離空中的既定道路，倉促野蠻地互相推擠，使得戰車在空中搖搖晃晃地踉蹌前進，接著突然漫無目的地轉向。法伊頓這時害怕了起來，他不曉得該把韁繩往哪個方向拉，也不知道自己身在何處，更不清楚如何約束這些動物。當他低頭俯瞰大地，嚇得他膝蓋直發抖。他想喝令這些駿馬，卻不知道牠們的名字。他自暴自棄地放下韁繩，神駒隨即朝旁一躍，跑進不熟悉的空域中。牠們啃咬浮雲，讓雲朵著火並開始悶燒。牠們衝向恆星，大地因而變得又冷又凍，河水都結冰了。

接著這些神駒陡然衝向大地。植物的汁液都蒸發了，森林樹木的葉子枯萎後迸出火焰。這世界著火了，法伊頓遭遇難以忍受的熱氣蒸騰，還飽受大地燃燒揚起的陣陣煙塵折磨。像瀝青般濃黑的煙霧在他身旁湧動。緊接著他的頭髮著火了。他從戰車上跌落，像流星般劃破天空，直到遙遠下方的海波浪將他吞沒。

他父親阿波羅本來就很擔心，接著又親眼目睹這毀天滅地的景象，他蓋住自己發光的頭，沉浸在悲傷中。有人說這一天世界晦暗無光，唯有巨大火災的光亮照得又遠又廣。

故事告訴我們的事

法伊頓就像許多活力十足但行動輕率的年輕人，他想成為世界上的重要人物。他因別人的嘲弄而受傷，他們笑他才不是耀眼的太陽神之子，而是無名小卒的兒子。我們有多常聽見年輕人誇耀自己的父母是誰，希望在自己掙得功名地位之前，能先向長輩借光？同樣地，我們也常聽說家境較差的孩子羞於承認自己出身寒微，反而大肆吹噓自己的虛構家世，藉以贏得旁人的羨慕。法伊頓既沒有惡意，也不是個笨蛋，但是他還不夠成熟，不明白他得花時間朝著目標拚命奮鬥，他自身的努力與能力才會帶來成功和認可。他正在尋找自己在人世間的位置，尋覓真正的志業或天命，不過在他了解自己的能力與限制之前，就急於獲得回報。

阿波羅在這故事中是個憂心的慈愛父親，想要盡其所能地幫助兒子有信心能獨立行動。所以他魯莽地承諾這個年輕人想要什麼都行，也許有部分是為了彌補自己疏於照顧兒子。這等同於神話版本的在兒子拿到駕照前，借他開自己的保時捷跑車，或是在兒子證明他有知識有技能前，就讓他成為家族企業的合夥人。許多父親對孩子深感愧疚，因為他們把很多時間花在家人以外的事務上，所以面對孩子受傷，就想提供超過孩子能力範圍的物質獎勵，試圖彌補過去的錯。主司遠見和預言的阿波羅可以清楚看見這事會以悲劇收場。阿波羅警告法伊頓，說他不夠強壯，無法執行這項任務，況且任何凡人都沒資格做這件差事。然而他不能違背自己的神聖誓約，他必須為自己的錯誤付出慘痛的代價。那錯誤半是出自於愛，半是想減輕內疚。

法伊頓跟許多希臘神話人物一樣，飽受傲慢自大的折磨。他希望如神一般，不願接受自己身為凡人的極限。我們也可能立志成大業、出風頭，想要賺大錢、有權勢，卻無視人的有限性，執意不肯務實地冷靜思考我們擅長的和我們不合適去做的事各是什麼。無論是年輕時面對尋找志業的挑戰，或是人到中年想轉換跑道，朝更有成就感的方向轉進，這個挑戰會在很多層次上測試我們。在這些測試當中，最大的一個是讓人緊張不安的議題——認識我們的才能何在，以及懷著謙卑的心，看清自己何時根本不會成功。有些人的志向不夠高遠，因而無法發揮他們真正的能力，這有時是因為沒把握，或者限制條件不受他們控制。有些人因為懶惰而將目標訂得太低。還有其他人，包括法伊頓在內，想要效仿別人，因為他們希望能大顯身手，被人另眼看待，但他們可能不具備實現目標必需的特質組合。如果他們不明白這一點，可能會受到很大的痛苦和屈辱。

我們都會被知名人物看似光鮮的生活所誘惑，並害怕過著乏味無用的生活，無法留給後代子孫任何值得緬懷的事物。想在這世上據有一席之地的強烈欲望，大多源自一種儘管無意識，卻很深刻的體認——人生苦短，我們必須把握遇到的任何機會，因為機會也許永不再來。考慮到現代世界中許多人深受日益升高的無意義感與無聊所困擾，就完全可以理解法伊頓那異想天開的夢想。然而，即使我們全都得面對自己是個無足輕重之人的威脅，還是得拿出勇氣和謙卑，體認到缺乏訓練、技能或基於真實才能的真正志業意識，空有自負的野心是很危險的。無論你把法伊頓的毀滅看成代表不切實際的夢想引發金融災難，或是目標超出個人能力使得專業能力受辱，這則神話故事明明白白地告訴我們，太陽戰車超出凡人能力所及。在世界舞台上，我們可以合理且懷抱希望地立志成為不多不少、恰恰好是我們人類自己。

第二章　貪婪與野心

無論圖的是感官享樂或財富，貪婪是基本的人性特質，爭強好勝也是。相信透過觀念原則或道德規範可以讓這些消失，未免天真，不過我們可以節制自己的貪婪，不讓它傷害他人。我們可以利用道德準則控制野心，以便充分發揮天賦，對周遭的世界帶來益處。不幸的是，這並不像聽起來那樣容易。神話中不乏被盲目貪婪驅使、被失控野心吞噬的例子，這些人不僅傷害別人，也摧毀自己。接下來的神話故事，探討貪婪與野心的多種不同面向，使我們明白這些威力強大的原始人類需求，如何表現出建設性與破壞性。

阿拉庫尼：愈豐滿的稻穗，頭垂得愈低

才華是令人羨慕卻帶有風險的東西，因為它具有某些責任與挑戰。我們必須盡可能充分展現自己的天賦，才不致辜負它們。然而，我們也得像個普通人，保持一定的謙卑態度。阿拉庫尼（Arachne）的希臘神話故事和她的過分驕傲，生動地說明欠缺謙遜的才華未必總是帶來成功。其實它會招致他人的敵意，甚至是報復。

阿拉庫尼很幸運，擁有罕見的編織技巧。她的手很巧，不僅普通的鄉下人群聚齊來看她的作品，連來自林地與河流的仙女都前來觀賞，對她的靈巧敏捷和出色的創作成果驚訝不已。確實，她聲譽鵲起，甚至傳到掌管這類藝術的女神雅典娜耳中。很多人說，阿拉庫尼的才華應該歸功於雅典娜。因為雅典娜教人類織布，擁有這類技巧的所有人理應感激這位女神賜給他們天分。

但是只要聽見一丁點這種說法，就會傷害阿拉庫尼的自尊。她輕蔑地把頭往上一揚，

說：「雅典娜？喔，是嗎！我的技巧得感謝我自己，而不是別人。無論人間或天界，我有自信絕不會輸給任何人。如果雅典娜願意，就讓她來挑戰我的手藝吧。」

她的朋友聽見她這種說話方式不禁嚇得發抖，而像往常一樣圍觀阿拉庫尼編織的群眾中走出一個老婦人，對她說：「親愛的，留意妳說的話。年齡和經驗總是帶來智慧。仔細聽好我的話，承認女神的力量吧，因為她有風度，願意給崇敬她的凡人才華。人類的作品是不可能好到無法被超越的。」

「囉嗦的老太婆，我有拜託妳給我意見嗎！」阿拉庫尼氣憤地反脣相譏。「假如雅典娜想來場比賽，儘管放馬過來。」

「我就在這裡！」一個傲慢的聲音響徹雲霄。豔麗奪目的偉大雅典娜就站在剛才那名老婦的位置上。「開始比賽吧！」

起初，阿拉庫尼還有些不知所措，但是很快就恢復了鎮定，大膽地接受挑戰。兩台織布機已架設妥當，這對競爭對手開始工作。

雅典娜選擇以在雅典衛城（Acropolis）活動的諸神為設計主題，包括威嚴的宙斯、手持威力強大三叉戟的波塞頓，還有創造橄欖樹作為送給人類最佳禮物的她自己。畫面中央描繪的是愚蠢的凡人引發混亂，造反的巨人變成山脈，以及喋喋不休的女孩變成叫聲尖銳的鳥兒，藉以提點她自以為是的對手。這幅作品的周圍以橄欖葉為裝飾。

阿拉庫尼選擇用她的作品嘲笑諸神，挑選諸神讓自己蒙羞的那些故事：宙斯用卑鄙的手段向凡人女子求愛、阿波羅低聲下氣地在人間擔任牧羊人、戴奧尼索斯醉醺醺地胡鬧，這一切全都被一圈細緻的常春藤與花朵包圍。可是這些無禮場景的作工如此精美絕倫，不禁讓人相信那些動物與葉子真實得彷彿能摸得到。她的才華毋庸置疑，連雅典娜站起身檢視對手的作品時，也無法否則這個事實。她憤怒地用手指著阿拉庫尼，「妳就永遠紡紗織錦吧，而且可以肯定的是，雖然妳的作品精緻又美麗，卻僅能引起人類的恐懼和厭惡。無論妳的掛毯圖案多麼複雜迷人，都只會被掃除！」

接著阿拉庫尼驚恐地發現，她的人類面貌、四肢、身體全都逐漸消失。不到一分鐘，她就變成世上第一隻蜘蛛，注定得永遠不停編織卻無人欣賞。

故事告訴我們的事

就像許多神話，這則故事的寓意很清楚：踰越分際會帶來不幸。沒有人能憑著自己很機靈、很聰明、很有才華或很老練，就可以免除災厄。俗話說「驕者必敗」，這則故事充分說明了這個道理。

阿拉庫尼跟許多有才華的人一樣，開始認為她的才華讓她很特別，沒人比得上她。沒錯，她的才華很特別，她也確實贏了與雅典娜的比賽。然而，誇耀吹噓它卻要了她的命，注定要永遠吐絲結網，彷彿嘲弄那引起雅典娜妒羨的技能。諸神也會嫉妒，蓄意喚起他們的妒意並不明智，阿拉庫尼就吃了苦頭。

日常生活中也能看見類似場景，無論是畫家、音樂家、歌手或演員，當各類藝術家相信沒有人，也沒有作品能比他們與其作品更厲害時，就會因為自以為了不起而被開除。偉大的表演者變得無法與之共事的情景躍入腦海。有才華的演員或出眾的模特兒恃才傲物、舉止猖狂，讓導演或攝影師不願與之共事的狀況也時有所聞。也許他們真的是戲精或貌如天仙，但是到了某個時點，他們比較不討人喜愛的其他面向可能會大過其才華。

波呂克拉特斯的戒指：傲慢是你最大的敵人

希臘人用「傲慢自大」（hubris）這個詞描述過分驕傲與不知分寸。對希臘人來說，傲慢自大必然會招致諸神發怒——但懲罰總是由這個人在不知不覺間親自建構與實現。波呂克拉特斯（Polycrates）的故事巧妙說明傲慢自大如何結合常人的貪婪，必然導致衰亡。

薩摩斯島（Samos）的僭主波呂克拉特斯似乎是世上最幸運的人。他統治的這個富裕小島是動用武力，從他兩個兄弟手中奪得。他殺了其中一個兄弟，放逐另一人，很快就發現自己是唯一的統治者。他幾乎每天都會收到消息，通報他的艦隊獲勝，或有載滿財寶與奴隸的船隻抵達他的港口。他是如此有錢有勢，因而希望自己能成為整個愛奧尼亞（Ionia）的領主。

波呂克拉特斯的成功如日中天，他主動向偉大的埃及法老王阿美西斯（Amasis）表明想結為盟友。起初阿美西斯樂於接受這份友誼，後來想法開始動搖，很快就送了訊息給波呂克拉特斯。

「總是吉星高照的人有很多事得擔心。凡是像你躍升至此等權位的人，無不樹敵無數，就連諸神也會嫉妒太成功的人。凡人的共通命運就是風水輪流轉，好壞照輪。我從沒聽說過有人能無憂無慮地成就功業，還有個快樂的結局。聽我的勸，找出你最有價值的珍寶，將它獻給諸神，這麼一來，他們就不會對你不利。」

收到這則訊息後，波呂克拉特斯認真地想了很久，最後決定聽從法老王的建議。他選了一枚非常有價值的祖母綠圖章戒指，那是他最不願失去的珍寶，並安排一艘裝飾華麗的船載著它出港，航向大海。他當著一干朝臣與侍衛的面前將這枚戒指扔進大海深處，相信它能為他換得諸神的眷顧。

然而他都還沒回到家，就開始懊悔失去他心愛的珠寶，接下來一連好多天他都自責這個決定做得太草率。一個星期後，一個貧窮的漁夫將一條大魚送到王宮門口，心想這份禮物能討這個薩摩斯島主歡心。當僕役剖開這條魚，發現那枚戒指竟然出現在牠的肚子裡，便滿心歡喜地將它獻給他們的主子。

波呂克拉特斯開心極了，把這當成諸神同意讓他永遠行大運的好預兆。他開心地寫信給阿美西斯，說明自己遵從法老王的忠告，而諸神歸還了他的供品。出乎他的意料之外，阿美西斯遣回傳令官，聲明放棄與之結盟，因為眼前這人似乎注定要為自己的腦袋瓜招來某種災難。

但是驕傲自豪的僭主哪聽得進警告，他反而更努力追求權勢與財富。志得意滿的他認為自己戰無不勝。最後，波呂克拉特斯收到波斯的地方總督奧羅伊迪斯（Oroetes）的消息，後者提議雙方結盟，並承諾給他大量金銀珠寶以便換得他的援助。貪婪的波呂克拉特斯無法抵擋這樣的大好機會，派了一名僕人去拜訪奧羅伊迪斯，親眼瞧瞧對方提供的財寶。對方搬出八個沉甸甸的大行李箱展示給那名僕人看，其實裡頭裝滿石塊，只有最頂層覆滿黃金與珠寶。這名僕役熱烈讚揚這批不可思議的寶藏，於是這個僭主決定立刻出發，前去結盟。

然而，神諭和預兆都不利於他進行這趟旅程，而且波呂克拉特斯的女兒夢見他被高舉在空中，宙斯為他清滌，太陽神為他塗油。可是波呂克拉特斯認為這個夢預示某種偉大的光榮與讚揚，他無視所有的警告，直接航向波斯。他一落入奧羅伊迪斯的手中，便立刻被釘上十字架上，任由他慢慢死去。所以這個自認天不怕地不怕的男人果真被天空洗滌，也被太陽塗油。

故事告訴我們的事

波呂克拉特斯的命運是他自己締造的，這在現代生活極為常見。比如，商人和政治領袖經常因為無法分辨何時該停止而言行越界，招致災難。凡是已實現某個目標，而今躍躍欲試想成就更大目標的人都會受到這個問題折磨。因為成功會帶來自負，除非我們認識到生活中有某些法則運行，而它們終會提醒我們人的極限與人終有一死。

波呂克拉特斯本性的最大缺陷，不是貪婪或野心這些常見的人性，而是他對神不敬。敬神未必代表我們必須成為正統的修道者，致力於減少自然的人性傾向，以便超越我們的極限。但是我們必須尊重生命與他人，並且誠實面對控制他人的欲望會不知不覺發生在甚至是最好心的人身上。當阿美西斯勸波呂克拉特斯向諸神獻上他最有價值的珍寶，這位埃及法老王表達的是人類心理很重要的事實。如果我們用世俗成就來認定自己的價值，等於放棄自己的內在認同與價值觀。但是若能獻出這種認同，我們的靈魂就自由了，即便幸運的境況變成艱苦，我們仍舊知道自己是誰。在一九二九年的股市大崩盤期間，許多人從高樓跳樓身亡，這是因為財富全沒了，他們也就看不見生命或自己還有什麼意義與價值。這反映出他們徹底認同代表好運的外在行頭，卻完全沒有任何深刻的內在自我價值感。

波呂克拉特斯獻祭的原因是害怕諸神發怒，而非敬重他們的力量。他選擇的是一只珍貴的戒指。不過，除非是樂意自願獻上戒指——我們在齊格菲的故事（見一〇六至一一一頁）見過這個象徵——否則這個供品毫無意義。波呂克拉特斯一扔出戒指就後悔了。若是真正有心獻祭，就必須真誠大方地奉上供品。因此，諸神拒絕這個供品，把它放進魚肚送回也就不足為奇了。若從心理面來看，眾神的作為反映出深層的潛意識本能與支撐個人發展的模式。拒絕敬重這種深層的內在自我，可能會在無意識間建構自己的垮台。

傲慢的波呂克拉特斯對自己如神一般的權力展現出盲目信心。這種心理層面的驕傲自滿，即使只是日常生活的微小規模，也可能破壞我們對他人發出信號的敏感度，削弱我們正確判斷情境的能力。如果我們相信自己有能力做任何事，也有權力踐踏任何人，我們必然無法注意到別人生氣了，正著手安排確保我們不會實現我們想要的事物。我們會樹立敵人，在周遭世界造成對立。如果別人夠討厭我們，就會開始密謀我們的垮台，或是在我們快要失控發瘋時不出手幫忙。假設到那時我們還是沒學會傲慢自大的人生教訓，就算我們向每個人抱怨自己受到非常惡劣的對待，也得不到任何同情。有道是，權力使人腐化，絕對的權力使人絕對的腐化。我們多會從謙遜、希望為善起步，然而一旦陶醉在權力的滋味中，我們便會停止聆聽他人的話，接著開始犯下嚴重的錯誤。波呂克拉特斯的故事對於企圖在世上有所成就，但還沒有學會必要的謙遜及坦率面對自己，以防範煮熟的鴨子飛了的所有人來說，是一則清晰明確的訊息。

米達斯國王：富有到只剩下錢

在希臘神話中，米達斯國王（King Midas）眾所周知的故事是說明過猶不及的最佳實例。貪婪出了名的故事主角到最後還是得贖罪。與現代的許多例子不同，米達斯在眾神的些許幫助下，著實好好地上了一課。

米達斯是熱愛享樂的馬其頓（Macedonia）國王。在他襁褓時，有人觀察到一列螞蟻搬著麥粒爬上他的搖籃側邊，把這些麥粒放在熟睡的他的雙唇間——真是個奇才！占卜者解釋，這是他會擁有巨大財富的預兆。

事情確實如此發生了。米達斯比大多數人更富有，然而就像許多有錢人，他的心嚮往擁有更多財富。有一天，米達斯碰巧有機會幫忙某個神。他發現酒神戴奧尼索斯的老師，年邁好色的西倫諾斯（Silenus）在他的玫瑰花園酗酒鬧事。米達斯非但沒有訓斥這個好色男，反而親切地照顧他整整五個日夜。米達斯也被西倫諾斯的醉酒故事逗得很開心，隨後還將西倫諾斯平安送回戴奧尼索斯身邊。酒神很高興米達斯能提供這個老醉漢如此無微不至且熱情友善的陪伴，決定給他任何他想要的獎勵。

米達斯毫不猶豫地表示，「祈求您能允許凡是被我的手碰觸到的東西都變成黃金！」

「就如你所願吧！」酒神笑著回答。米達斯不大喜歡酒神的笑法。米達斯國王急著離開，等不及要試試自己的才能。

在返回王宮的路上，米達斯摘下一根樹枝，看哪，它變成閃閃發亮的金黃色。他興高采烈地拾起幾顆卵石，它們也都變成金燦燦的金塊。他手舞足蹈地走進王宮，伸手觸摸樑柱，它們一眨眼就變成黃金。他碰觸所有家具，心滿意足地看著這些閃閃發亮的成果。

最後，一整天的心情激動與體力消耗讓他又餓又累。他命人準備餐點。僕役端來一盆水，讓他在用餐前沖洗雙手，誰知清水竟然凝固成金黃色的冰。米達斯突如其來地感到一陣擔憂。他想起戴奧尼索斯的笑聲，不禁渾身發抖。當他坐下來吃飯，發現每一口美味的食物都變成無味的閃耀金屬時，他的歡喜很快就轉變成絕望。

在飢渴交攻下，他從這場嘲弄的宴席中站起身，難得有那麼一次羨慕起在廚房打雜的那個窮小子，對方正大口享用令人滿意的一餐。看見他不斷增多的財寶，已不再讓國王感覺舒服自在，四處滿是黃金的景象開始讓他覺得反感。當他最小的女兒衝上前來牽他的手，卻立刻變成一座黃金雕像後，他淚流滿面，泣不成聲。夜幕低垂，米達斯頹喪地癱倒在他的軟榻上，它卻馬上變得冷硬。他躺在上頭翻來覆去，冷得發抖，因為他摸到的每條毯子都變成一大塊寒氣逼人的黃金薄片。他既是這世上最富有，同時卻也是最不幸的人。

在黎明的第一道曙光出現時，米達斯趕緊找到戴奧尼索斯，鄭重地懇求酒神將他華麗的悲慘才能收回去。

戴奧尼索斯被逗得很樂。「人類最熱切的願望結果往往是不智的！」酒神笑著說。不過戴奧尼索斯記得米達斯親切對待西倫諾斯，便要他去巴克特羅河（River Pactolus）用純淨的河水沐浴。米達斯在飢渴的煎熬驅使下，飛奔到那條河。他跑過的地方留下一道金黃色的痕跡。他跳進這條有療效的河水中。他一把頭栽進水面下，那要命的才能隨即被洗去。他最高興的是，終於又能正常吃喝了。可是巴克特羅河的泥沙直到今天都是金光燦燦。

故事告訴我們的事

這則故事帶給我們訊息很清楚：如果最基本的生活需求無法得到滿足，財富毫無用處。平凡的日常樂事能使富人與窮人的生活同樣變得甜蜜。如果少了這些，或者失去享受它們的能力，再多的財富也於事無補。就更深層次來看，米達斯「點石成金」的能力代表的不只是貪婪和想要累積更多財富的願望，也反映出這個人的內心有某種東西會凍結一切溫暖活物，導致簡單的事變成不可能。同樣地，許多人受到想累積財富的需求驅使，最終凍結了他們享受簡單樂趣與人際交流的可能。他們渴望的食物與飲料指的並非實物，而是一種微妙的養分，少了它，人生就不值得活下去。

當米達斯碰到他的女兒，她也變成黃金。人不能買賣，尤其是與我們關係最親密的那些人。這比喻過度重視金錢會「扼殺」關係。在很專注於賺錢而疏遠自己的家人朋友，隨後卻納悶自己為什麼變得如此孤單的那些人身上，我們可以瞥見米達斯國王留下的閃亮痕跡。這則簡單的故事具體描繪出人類認為財富可以買到幸福的想法有多愚蠢。充足的資源確實能讓我們避開許多人生的沉浮波折，那些飽受缺錢之苦的人深知沒錢時，籌錢可以如何主宰你的生活。但是米達斯的字典裡沒有「充足」這個詞。他並不滿足於當個富有的國王，他想要更多。因此，他的貪婪破壞了曾經帶給他歡樂的一切。

戴奧尼索斯是個立場不明確的神，他很高興幫忙米達斯，但同時又被國王因貪婪而帶來的悲慘下場逗得很樂。他是混亂神和狂喜神，是所有想透過飲酒、用藥、舞蹈與藝術視覺設法突破俗世界限者的守護神。簡而言之，戴奧尼索斯是一股原始的生命力量，對日常道德漠不關心，卻象徵大自然本身的流動。他並沒有給予米達斯忠告，只是任由國王闖下大禍，從錯誤中學到教訓。而且到最後還是戴奧尼索斯告訴他，用巴克特羅河的潔淨河水沐浴，就能使他擺脫這份致命的本領。當米達斯的頭完全浸入水中，這個偽裝成祝福的詛咒就被沖走了。換句話說，米達斯必須全神貫注於河水，放棄所有控制的念頭，唯有如此他才能重獲自由，回到原本的生活。想要矯正折磨米達斯的腐蝕性貪婪，唯一的方法是從內心最深處徹底放棄驕傲和欲望。這個以神話形式表達的訊息正是世上所有偉大宗教教義的核心。

我們有多常聽人說如果他們中樂透該會有多幸福呢？他們想要相信財富會解決他們的所有問題。但是我們也時常聽說頭彩得主過得比以往更加悲慘，因為他們失去了朋友，再也無法相信別人的愛與忠誠。財富不會自動帶來不幸，但它們也不會自動帶來幸福，除非擁有財富的人能在日常生活中保持尋常的滿足。說到底，米達斯的故事講的並非財富的邪惡，而是貪婪有能力汙染我們原本感受到美與有價值的一切，讓我們冷落它們。

安德瓦里的墮落：與魔鬼訂下契約

在北歐神話中，矮人安德瓦里（Andvari）的黃金構成華格納（Richard Wagner）偉大歌劇作品《尼布龍根的指環》（*The Ring of the Niebelung*）第一部的基礎，雖然在他的版本中，這個矮人的名字是阿貝里希。無論我們是閱讀原始故事或聆聽華格納的歌劇，這都是個充滿怨恨與貪婪的故事。它可以告訴我們毀滅性野心的深層根源，以及受到阻撓的愛轉化成追求權勢的動力時，使靈魂失常的墮落。

矮人安德瓦里擁有大量黃金，還有能生出更多黃金的力量，但他可是付出了慘痛的代價才得到這些財富——更別提最後為了留住它得付出什麼。有一天，他在河裡游泳捕魚當晚餐，突然注意到河床上有個閃閃發亮的東西，那是河中仙女的黃金，他們喜愛這種貴金屬的亮度與樂趣。其實對矮人更有吸引力的是眾仙女本身，她們在他身旁優雅地游動，用賣俏的笑容與稱讚戲弄他。可是每次他想抓住任何一個仙女，她們就會動作敏捷地游開，徒留安德瓦里氣喘吁吁，懊惱失望。儘管如此，她們還是不斷捉弄、誘惑他。她們一直在他面前炫耀展示自己，還出言辱罵，嘲笑他扭曲的四肢和黝黑醜陋的長相。安德瓦里生氣了，一股邪惡的仇恨占據了他的大腦和心靈，他的眼光再次鎖定河底那塊耀眼的黃金。

矮人迅速潛到水底，抓住那塊黃金後急急游到水面上。眾仙女喊著要他歸還她們的玩具，但安德瓦里不予理會。她們又求又哄，承諾如果他歸還寶藏，就給他滿滿的感官享受。可是她們先前的否定與鄙視讓安德瓦里憤憤不平。他知道自己長得醜，沒有女性會想要他。如果他渴望被愛，就得用錢買。

安德瓦里轉身面對眾仙女，用力大吼好讓眾神全都能聽見，「我才不想要妳們，也不要妳們帶來的快樂！我發誓從此棄絕愛！在眾神面前我發誓，此後我只愛黃金，以及黃金能帶給我的權力！」這些話是有約束力的，因為天上與地面的所有王國全都聽見了這番話。安德瓦里偷走了這塊金子，把它帶回自己的王國。他施展許多法術和咒語，將它打造成一只魔戒。這只戒指帶給他凌駕統御所有其他矮人的力量，還能創造出無盡的金塊。

安德瓦里此後永遠都將這樣生活，飽受怨恨折磨，把他的矮人同胞變成奴隸，用愈來愈多的黃金填滿他黑暗王國的眾多大洞穴。但是發生在天界眾神間的事件注定要干擾這個矮人全神貫注的事。天國之王、上界的統治者奧丁惹禍上身，必須花錢消災，他因此需要一大筆黃金。他向自己的顧問，聰明又工於心計的火神洛基（Loki）求援，後者立刻建議他可以從矮人國取得必要數量的黃金。眾神都知道安德瓦里做了什麼，雖然直到那個時點為止沒有哪個神認為出手干預地面下王國的事務是合宜的。

取得奧丁的允許後，洛基擬了個計畫。他知道安德瓦里詭計多端，想要拿到那批金子並不容易。首先，他前往海底王宮拜訪女海神蘭恩（Ran）。「眾神處境危險！」他上氣不接下氣地告訴蘭恩。「奧丁被綁了起來，只有妳的網子能拯救他們！」

女海神冰冷的淡色雙眼睜得老大。她並不熟知天界事務，所以無從判斷洛基說的是不是真的。不過火神本身是很有說服力的。「把妳用來打撈那些溺死亡者的網借我。我會用它拯救眾神。」

蘭恩勉強同意出借她的網子。東西一到手，洛基便速速離開這波下廳堂，以免蘭恩改變了心意。洛基接著前往矮人王國。他走下一連串滴水的地道，穿過一座內部昏暗不明的迷宮，直到來到地底下一個巨大的洞穴。洞頂是由比樹幹還粗的石柱撐起，洞穴的角落無風又黑暗。洛基看見一個平靜無波的大水池，卻看不出滿池的水來自何方，又將流向何處。他知道安德瓦里在水中就像在地底隧道中一樣自在，也知道這矮人會感受到他的來臨，因此躲起來。洛基張開蘭恩的細密紗網撒入池中。他連拖帶拉，看哪，網子裡激烈地掙扎扭動的，正是那矮人。洛基解開纏在矮人身上的網子後，牢牢抓住他的後頸。

「你想要什麼？」安德瓦里語帶抱怨地嘀咕，儘管他心裡非常清楚火神所為何來。

「交出你的金子，」洛基說。「否則我會把你當成剛洗好的衣物擰乾。交出你所有的黃金。」

安德瓦里怕得發抖。他領著洛基走出有回聲的房間，走下一條迂迴曲折的通道，進入他的鐵作坊。那裡高溫多煙，卻有一堆又一堆的金子在火光中閃閃發亮。

「把它收好，」洛基邊踢著金塊邊說。

安德瓦里狼狽地四處爬來爬去，罵罵咧咧地抱怨個不停。他收出一堆金塊與小金條、一堆成品，還有一堆半成品。洛基看看成果，覺得挺滿意。「這就是全部了嗎？」火神問道。

安德瓦里不發一語，默默將金子收進兩個舊麻袋中，放在洛基面前。

「那個戒指呢？」洛基指著矮人握拳的右手說。「我看見你把它藏起來了。」

安德瓦里搖了搖頭。

「把它放進袋子裡，」洛基說。

「求您讓我保留它，」安德瓦里懇求道。「只有這個戒指。讓我保有它，這樣我就能再生出更多黃金。」

可是洛基立刻明白那是個魔法戒指，走上前強迫安德瓦里張開拳頭，隨即奪走那枚小小的扭結戒。誰知道天界諸神何時會需要更多黃金呢。這枚戒指做工精緻巧妙，洛基將它戴在自己的小指頭上。「凡是不自願給予的，就必須用武力取得，」他說。

「哪有什麼東西是自願給予的，」安德瓦里說。但是洛基置若罔聞，揹起麻袋，轉身朝作坊門口走去。

「你會後悔帶走我的戒指！」矮人喊道。「我的詛咒附在那個戒指與那些黃金上！它會摧毀擁有它的人！沒有人能用我的財寶贏得喜悅！」

但是洛基只是再次轉過身，在安德瓦里的謾罵與詛咒聲中走出矮人的世界，回到天上，回到奧丁不耐煩地坐著等待的地方。

故事告訴我們的事

令人遺憾的是，矮人安德瓦里就像許多人，因為早年的私生活曾遭遇過拒絕或失望而憤憤不平，其靈魂進而變得矮小，任由自己完全沉溺於權勢中。當他得不到愛，安德瓦里轉而選擇追求財富及主宰他的同胞。然而他的財富無法帶給他喜悅，因而必然會被其他為了獲得權勢不擇手段的人給奪走。這則神話是物質叢林生活的暗黑再現，幾乎每一天都能在現代的商業、金融與政治世界中見到同樣的事。甚至在家庭中規模小，但同等黑暗的鬼魅伎倆中也能目擊同樣的事，尤其是某項遺產尚未確定，或是離婚後分割財產時。簡而言之，安德瓦里象徵著我們的內心用憤怒和怨恨來回應個人的失望，隨之而來的是失去對其他人真正的感覺。

我們在齊格菲（見一〇六至一一一頁）的故事中探討過河仙的黃金的象徵意義。這個「天然的」黃金，單純且未定形地躺在河床上，代表沉睡在每個人心中，以及人類集體心靈中的那些天然資源。這金子也代表地球的天然資源。這些資源可能尚未被開發，如果它們被「提升」到意識層次，進而打造成文明或破壞的工具，也可以被用來為善或作惡。安德瓦里因為自覺長相醜陋畸形，決定永遠棄絕愛，並發誓此後他只愛黃金。他的醜陋比喻的是一種內心特質，以仇恨與憤怒回應眾河仙對他的嘲笑戲弄。就算擁有那樣原始的黑暗特質——畢竟那真的是人性黑暗面——也未必要順從它們，或是因為我們無法讓生命在我們想要的時候給我們想要的事物，就宣布放棄我們最重要的價值觀。安德瓦里的靈魂是矮小的，因為他缺乏大方、容忍及內在信心去忽略河仙的取笑。他本來就憤憤不平，遇事自然無法輕鬆以對。安德瓦里教導我們，我們不能用痛苦或困難的早年環境來合理化所有的人類破壞行為。人類性格中有某些特質、某種更深層的東西會選擇用仇恨或理解應對這樣的早期傷痛。我們全都會面對這類選擇，還可能會在人生中遇到許多次，而我們可以透過它們塑造自己的未來。

因為安德瓦里是以不誠實的手段取得黃金，所以無法得到眾神的同情。而且等到奧丁需要現成的黃金來源，便心安理得地掠奪安德瓦里，因為這矮人白己就是個賊。有道是物以類聚，當矮人決定站在內心黑暗面這一邊時，不知不覺便決定了自己的未來。我們無須查看某些宗教中神的賞罰公式就能理解這個內在邏輯。我們在人世間的行動會產生結果，而最終，我們怎麼待人，就會得到什麼樣的對待。因為安德瓦里的內心沒有愛，所以他沒得到有愛的對待。他奴役他的矮人同胞，所以火神洛基也奴役他，並奪走他的金子。

活在這世上不免涉及學習某些困難的教訓，而這則神話描述的就是最重要的一個。強烈渴望財富與權勢往往是心靈痛苦、怨恨的扭曲副產品，而且在我們切斷與他人有任何真實的情感交流後，它會合理化這樣的行為。就最深刻的意義來說，這是種「與魔鬼訂約」，儘管這魔鬼如同故事所言，存在個人心中。這類的全球案例隨處可見：企業製造致命的軍事武器，賣給眾所皆知的獨裁者，或是剝削他國的貧窮大眾，以便在自己國內創造財富。

我們也可以在這個故事中觀察自己——我們如何對待為我們工作的人？我們對日常金錢交易抱持什麼態度？因為有人提出一個無法拒絕的交易，使我們一時忘了自己的理想？如此方便的疏忽通常來自對他人的怨懟，這種深沉但不自覺的憤憤不平，其核心是因為我們未能擁有自認應得的幸福。然而這種行為最終總會產生它自己的陰暗報酬，不過是早或晚的分別罷了。就算洛基不來盜取黃金，我們不妨想想安德瓦里過的是什麼樣的日子？無朋無友、孤孤單單地在地下的黑暗洞穴生活，唯有黃金能帶給他撫慰。安德瓦里的故事告訴我們，所有邪惡的根源並非金錢，而是我們用錢來證明自己無法原諒他人是正確的、合理的，或企圖用錢來補償自己無能寬恕。

第三章　責任

世俗成就牽涉到的不只是風險與報酬，還有內心與外在的責任。當我們追求掌權的高位，表示我們正踏進比單純贏得大獎或享受渴望已久的事物更深更複雜的領域。權力總是影響我們如何對待他人，以及在最深遠的層次匯集我們擁護的理想，與我們對生命許下的承諾。簡言之，權力就是一種服務形式。神話故事充滿了權力沉浮起落的描述，且通常會有個神祇參與其中。這告訴我們，權力也與更高層次的事物有關聯。因此，如果我們希望合乎情理地運用權力，就需要保持謙卑、智慧，對我們治理與服務的對象抱持著榮譽感。

米諾斯國王與公牛：權力使人腐化

這則著名的希臘神話，生動地描繪了如果沒有信守對諸神的承諾且不負責任地濫用權力，會有什麼下場。我們都聽過權力使人腐化的說法，但是那腐化的本質是什麼？我們在此看見它更深沉的層面，當腐化折磨那些當權者。米諾斯（Minos）所做的選擇和那些選擇引發的後果在在顯示出人在實現更崇高的目的時，保持忠誠十分重要。

天界之王宙斯看見美麗的歐蘿芭公主，想將她據為己有。但是這女孩沒那麼容易誘惑，於是宙斯把自己偽裝成一頭純白的公牛，載著她跨海來到克里特島。他在那裡強占了她，可是她散發無比強烈的吸引力，使他一再回到島上拜訪她，這件事對這個善變的神來說並不尋常。後來，歐蘿芭為他生下三個兒子——米諾斯、拉達曼迪斯（Rhadamanthys）與薩培敦（Sarpedon）——他們全被克里特島的阿斯提里歐斯國王（King Asterios）收養。國王愛上歐蘿芭，並娶她為妻。

當男孩長大，而繼父阿斯提里歐斯過世後，三兄弟不免對該由誰繼承王位產生爭議。

長子米諾斯向海神波塞頓祈禱，求他賜予一個神的徵兆，解決這個問題。波塞頓允諾會派一頭牛從海中跑上克里特島，作為向全世界宣告天界力量贊同由米諾斯取得王位的徵兆。米諾斯則同意將這頭牛直接獻祭給海神，聲明自己效忠於波塞頓且承認自己的統治權源自海洋深處的這位大神。米諾斯藉此向所有人表明他的權力不只是他自己的，而他必須負責地善用它。

波塞頓遵守協議，一頭最雄偉的白色公牛如期從波浪中升起。但是米諾斯一確定自己可被立為王之後，就不想實現自己的諾言。在貪婪與自負的鼓動下，他開始想方設法欺騙海神，不願獻上原本承諾的祭品。他認為這頭公牛實在太美，殺了牠太可惜。他想把牠納入自己的牛群，讓這樣漂亮的走獸繁殖出後代，而不是在獻祭祭壇上殺死牠。所以他用自己第二好的公牛代替牠，獻祭給海神。結果證明這是個代價非常高昂的錯誤判斷，因為海神對此極其憤怒，他讓王后帕希菲（Pasiphaë）瘋狂愛上這頭來自大海的白牛，作為對米諾斯的懲罰。

帕希菲在巧手工匠達得羅斯（Daedalus）的協助下，得以滿足她強烈的性欲。達得羅斯為她打造了一頭逼真的木製母牛，讓她能躲在裡頭。公牛上了當，與王后完成交媾。這奇特交配的結果就是米諾托——專吃處男處女的牛頭人身怪物。為了隱藏這個可恥的怪物，米諾斯委託達得羅斯建造一座精巧的迷宮來囚禁米諾托。由於迷宮的內部結構非常複雜，凡是走進迷宮的，沒有人找得到出路。每一年，雅典人都會送來九名童男與九名童女，餵養米諾托邪惡的胃口。這祕密的禍患年復一年在米諾斯王國的正中心讓他寢食難安，直到雅典英雄提修斯來到克里特島。提修斯在米諾斯的女兒阿麗雅德妮的幫助下殺了米諾托，因而將克里特島從可怕的詛咒中解救出來。米諾斯飽受悲傷與內疚的折磨，死了，而提修斯成了克里特島與雅典兩地的統治者。

故事告訴我們的事

人類的所有行為都有後果，但沒有人的行為比執政者的更顯眼。米諾斯王在故事的開頭是個正派人物。他跟希臘神話中許多統治者不一樣，他沒有透過暴力或背叛奪取王位，而是尋求諸神的評判，並因謙卑而得到回報。這是國王身分（kingship）的古老象徵，總是將國王描繪成神的容器，是「好牧人」（good shepherd），通過神的恩典治理其子民，並透過重申為民服務的誓言延展他的權力。儘管在現代，我們大多已忘記統治權這古老且重要的一面，但那些統治者（無論是透過世襲或選舉）都具有某種魅力，也許用正當手法取得王位的統治者被賦予在世上扮演這樣角色的機會，其實是有更深的力量或目的。

可惜米諾斯無法控制自己的貪婪與自負。任何現代人也可能在掌權後開始濫用權力，希望獲得比自己該得的那一份更多。妄自尊大也發揮重要作用，因為人一旦掌權，很容易忘記當初激勵自己追求這個身分地位的初衷，甚至開始相信自己比被自己管理的那些人更優越。歷史上充滿了忘記自己的權力由誰賦予，又為何能取得權力的悲慘例子。我們每一天都能在任何公司或商業機構、在政壇上觀察到這樣的模式。曾經，只要米諾斯公開向海神波塞頓表示崇敬，他便樂於幫助米諾斯取得王位。但是米諾斯就像許多人，一旦取得想要的事物，便覺得不滿足，他試圖想要得到更多，於是犯下致命錯誤，將海神當成傻子來對待。波塞頓自然大為光火。儘管在複雜的現代世界中，我們可能不再相信神聖的正義，但生命遲早會以某種奇異的方式向我們展現我們行動的後果。

米諾托代表野蠻，是某種視而不見、極度殘忍、無情的東西，牠活在米諾斯王國的中心，因此也活在國王自己的內心裡。這頭怪物強力描寫腐敗墮落的過程，以及人類靈魂逐漸轉變成算不上是人的東西。我們在許多小地方也可能因為貪婪和傲慢自大而失去某些人性，無情地踐踏那些比我們弱小的人。米諾托以童男童女為食，當我們的操守因沉醉於權力而受到侵蝕，我們往往會對他人，也對自己脆弱的一切暴力相向。因為孩子得倚靠我們，不能反抗，我們可能會不顧孩子感受，或甚至用殘忍行徑對待他們。我們可能會對欠我們錢或人情的人逞威風，暗地裡享受羞辱他人的力量。我們一再聽說事業成功的商界人士為了讓自己的財富翻倍，而願意賭上一切，最後卻只落得失去一切。還有人受到誘惑，去做不名譽、無恥或有害他人的事，為的是獲得輝煌閃耀的回報，但是他們遲早必須私下或公開面對失敗的屈辱。我們未必總能在報紙上讀到這類行動的後果，因為結果往往不為人知，藏在某人私生活的核心。不過有句古老諺語是這麼說的，天網恢恢，疏而不漏。

米諾斯的故事告訴我們，秉持誠信運用權力不只是為了讓他人敬佩而公然為之的事。無論我們選擇運用宗教術語或更客觀的人道關懷語言稱呼上帝，這是我們對上帝的內在承諾。如果這承諾是真誠的，而我們也忠於內心的要求，就能讓我們的內在力量與真實性煥然一新。假如我們是偽君子，滿口承諾只為贏得選票，我們或許能騙過某些人，但無法騙過自己的靈魂。我們會坐立難安、不快樂、良心飽受折磨。

亞瑟王的和平時期軍隊：目標達成了，然後呢？

這則小故事，來自亞瑟王傳奇，它主要包含亞瑟王與其王后的一段對話。雖然內容跟戰鬥幾乎無關，卻對人性提出深刻的評論。尤其是它簡要地揭露出，當我們終於抵達想望的目的地時經常會發生的狀況，並點明能磨練我們的性格與心性，使它們保持敏銳的，是掙扎奮鬥，而非充分滿足。

經過漫長動盪的歲月，亞瑟王實現了和平。透過高貴出身、好運與武力，他的所有敵人，包括在他領土境內與境外，若非被他摧毀，便是與他達成和解，從而在全英國建立起他的統治權。為了達成這個目標，亞瑟將全世界最優秀的騎士與最難纏的戰士都聚集到他身邊。所有人都不辜負他們的卓著聲譽，為他們的國王勇敢且精采地戰鬥。

亞瑟王成功透過征戰實現和平，如今得面對他的士兵在和平時期不知該做什麼好的困境。暴力動亂已經稍微平息，但仍舊睡得不安穩。身處在隨時得醒來應戰的世界裡，他還不能完全解散自己的軍隊。另一方面，他發現若沒有戰鬥，很難讓手下的力量與脾氣保持在巔峰狀態，因為閒置的刀劍或無所事事的士兵鏽蝕得比什麼都快。

亞瑟必須認識到，如同所有領導者都必須明白，會對人起破壞作用的是和平，而非戰爭。懦弱之母是安全，而非危險。能帶來恐懼與不安的是充足，而非匱乏。他也悲傷地體認到，為了實現全英國長久以來期盼的和平而進行血腥鬥爭，如此費力爭來的和平其實創造出比以往任何時候多更多的痛苦。看著他勇敢的年輕武士原本可能會編入戰鬥隊伍，與值得尊敬的敵人交戰，如今無聊、遊手好閒、挑釁好鬥將他們的力氣浪費在抱怨和瑣碎爭執的泥淖中，亞瑟王日益憂愁不安。

就連他最厲害的騎士蘭斯洛也變得灰心喪氣，因為他找不到交鋒的對手，能讓他的劍保持鋒利。他就像是沒有獵物的老虎，而且就連這名高貴英勇的鬥士也變得焦躁易怒，動不動就大發雷霆。他的身體疼痛不堪，他的性情展現出之前不曾有過的缺點。

深愛蘭斯洛且了解男人的桂娜薇王后看見他一點一點地摧毀自己，非常痛心。她和亞瑟王談起這件事，得知他對年輕武士的關切。

「我真希望能搞懂，」亞瑟說：「他們吃得好，睡得舒服，在他們想要的時候和自己看中的對象做愛。他們的胃口已經有五分飽，不再需要忍受過去的種種痛苦與飢餓、疲倦與紀律。可是他們仍舊不滿足，抱怨這時代與他們作對。」

「這時代確實如此，」王后回答。

「這話是什麼意思？」亞瑟問。

「吾王，他們閒得發慌呀。他們已經實現長期渴望的夢想，而今沒有進一步的目標讓他們全力投入。空虛總是尾隨夢想實現而來。此刻，時代對他們一無所求。最凶猛的獵犬、最快的駿馬、最好的女人、最勇敢的騎士——沒有一個能擋得住無所事事的侵蝕。就連蘭斯洛爵士也像個被寵壞的孩子，不停抱怨久坐不動的不適。」

「我能做什麼呢？」亞瑟王大喊。「我擔心全世界最崇高的夥伴情誼正在崩壞。在過去黑暗無望的日子，我祈求和平，為和平努力奮鬥。如今我迎來和平，內心卻不平靜。有時候，我發現自己希望能開戰，好解決我的困境。」

「你不是第一個這樣想的統治者，也絕不會是最後一個，」桂娜薇王后說。「沒錯，我們擁有全面和平。可是，身為一個健康的男人，總有些小病痛帶給他一點點的折磨，所以和平也該有些小小的戰爭加以點綴。我們身邊總會出現一些微小的戰爭。一個男人為了一頭走失的母牛而痛毆他鄰居，一個女人毒害她的街坊，因為對方有張更美麗的臉蛋。接著便展開了家族仇恨，延續至世世代代。這些微小的戰爭隨處可見，要匡正它們對軍隊來說顯得大材小用，但對任何個人來說又大到不可能處理。騎士需要的，是追尋目標

（quest）。」

「可是年輕騎士對追尋目標不當回事，經驗老道的騎士又見識過真正的戰爭。」

「追求偉大是一回事，但努力不把自己活小了又是另一回事。我想，所有人都希望能成為比自己偉大的人，但是只有當他們投入遠比自己更大更廣的事物，才可能實現這個想望。如果沒人來挑戰，全世界最厲害的騎士會發現自己日漸退縮。我們必須想出辦法向小事宣告一場大戰。我們必須找出打著某些主張，招募小奸小惡來餵養維持不顯眼的重大罪惡。每個社區都會出現這些小奸小惡，我們可以組織一支戰鬥隊伍來打擊它，雖然這些戰役規模不大，而且很不起眼。我們可以叫它『國王的正義』，每一個騎士都是這種正義的個人代理人和守衛。每個人都要對它負責。這麼一來，每個騎士都會是成就比自身更大事務的工具。」

「我想知道該怎麼宣告這場戰爭，」亞瑟王沉思著說。

「就從全世界最厲害的騎士蘭斯洛爵士著手。讓他帶上最糟糕的騎士做他的搭檔。他的姪子萊翁爵士（Sir Lyonel）是適當人選，因為他無比懶惰又沒用。這麼一來，最糟糕的就不得不向最厲害的看齊。」

「最糟糕的和最厲害的，」亞瑟王笑了。「真是威力強大的組合。這樣的結盟肯定所向披靡。」

「吾王，唯有透過這樣的結盟，戰爭才打得成，」王后回答。

事情就這麼定案了。眾騎士如今有新的目標可追求，還有新的願景能激勵他們。不過這場新戰爭永無止境，因為與他們交手的不是單一敵人，而是不成熟的人小心眼的惡意行為。

故事告訴我們的事

重大成就的餘波往往是強烈沮喪，閒來無事比努力奮鬥時有更大機會面臨內心遭受侵蝕。亞瑟發現了這個深刻但不受歡迎的真相，桂娜薇則因為她對蘭斯洛禁忌的愛，心早已受腐蝕，而有能力預知這種事。我們多年來渴望達成某個目標，歷經許多奮鬥與艱苦後終於實現它，我們期待自己會感覺滿足、有成就感且輕鬆愜意。然而事情的發展往往正好相反，我們不明白，為什麼已經攀上山頂，不見原本預期的壯麗美景，卻只有陰沉、荒涼、毫無希望。無論目標是顯貴的職位或有形的實際物品，許多人追求目標的動力——或者說我們相信——是想要擁有、贏取、獲得某個東西。然而這則故事揭露了人心的一大祕密：

讓我們感覺活力十足，投入最多愛與熱情的不是獎品，而是奮鬥的歷程。此外，儘管我們不情願承認，但奮鬥不懈確實能誘發出我們最優秀的特質。

我們可以在許多非常成功的人身上看見這種模式。他們多年來一直奮力爭取認可或財富，偏偏等到實現目標後，卻不知不覺開始陷入滿腹牢騷、身體生病，以及心靈灰暗陰鬱。亞瑟的戰鬥騎士在某種意義上象徵他自己積極的一面，充滿勇氣與抱負，樂於忍受所有艱辛以贏得重要的一戰。當這個有權有勢、衝動性急、品格高尚的人再也沒有奮鬥的目標，你該拿他怎麼辦？說白了，和平時期的軍隊可能是個嚴重的問題，因為讓從軍的男男女女成為好士兵的挑釁好鬥與尚武精神，如果沒了交戰對象，就會出毛病。不過，我們不必是士兵也會經歷這樣的問題。所有高度積極的人在贏得大獎且人生不再有任何意義時，都可能經歷內心挫敗的風險。

桂娜薇知道只有一個可行的答案。為了恢復對生命的熱情，重新找到未來充滿各種可能的感受，我們必須找出一個新的目標。但是，假如要證明這個新目標跟我們剛剛完成的那個目標一樣是個有效的激勵因素，它就必須比我們的個人抱負更為宏大才行。這裡描述的需求是，所有人首先得實現個人的野心，接著認識到自己屬於一個更大的社群，因而需要對那個更大的整體做出某些貢獻，以便讓活力再次流入內心。亞瑟追求的和平在他中年時降臨，最適合著手處理參與更大世界的事務這項任務的時間點，是當我們已設法贏得至少是某些個人戰役，且已透過個人成就，明白自己的天性、資源與限制。責任伴隨權力而來，伴隨成就而來的是轉向內心的需求，看清自己真正成就了什麼？它真正服務的對象是誰？起了什麼作用？

所羅門王斷案：欲戴王冠，必承其重

在聖經故事中，所羅門王斷案是個鮮明的好例子，說明當我們有幸掌控權力，具有謙卑和智慧非常重要。所羅門王（King Solomon）治國靠的不只是智慧，還有善體人意的心。他的智慧是神的恩賜，因為他不傲慢，也不貪婪。在這方面，他是古今統治者中很罕見的人物。

當父親大衛王（King David）過世後，所羅門成了以色列的王。夜間夢中，耶和華向所羅門顯現，對他說：「你願我賜你什麼？你可以求。」

所羅門說：「你向你的僕人，我父親大衛，大施恩典。如今你使我作王，但我是幼童，不知道應當怎樣出入。所以求你賜我智慧，可以判斷你的民，能辨別是非。」

這番話蒙主喜悅，神對他說：「你既然求這事，不為自己求壽、求富，也不求滅絕你仇敵的性命，我就應允你所求的，賜你聰明智慧。」

然後所羅門就從夢中醒來。

一日，有兩個妓女來，站在王面前。第一個婦人說：「我主啊，我和這婦人同住一房。她在房中的時候，我生了一個男孩。我生孩子後第三日，這婦人也生了孩子。我們是同住的，除了我們二人之外，房中再沒有別人。夜間，這婦人的孩子死了。她半夜起來，趁我睡著，從我旁邊把我的孩子抱去，放在她懷裡，將她的死孩子放在我懷裡。天要亮的時候，我起來要給我的孩子吃奶，不料，孩子死了。但是等我細細地查看，發現這不是我的兒子。」

第二個婦人說：「不對，活孩子是我的，死孩子是妳的。」

第一個婦人說：「不對，死孩子是妳的，活孩子是我的。」她們在王面前如此爭論。

所羅門王說：「妳們一個說：『活孩子是我兒子，』另一個說：『不，活孩子是我兒子。』來人哪，拿刀來！」人就拿刀來。王說：「將活孩子劈成兩半，一半給那婦人，一半給這婦人。」

第一個婦人說：「求我主將那活孩子給那婦人吧，萬不可殺他！我寧可他好端端活著卻不歸我，也不願他受傷。」

第二個婦人卻說：「這孩子也不歸我，也不歸妳，把他劈了吧！」

王說：「將活孩子給這婦人，萬不可殺他，這婦人實在是他的母親。」

以色列眾人聽見王這樣判斷，就都敬畏他。因為見他心裡有神的智慧，能以斷案。

故事告訴我們的事

如同所羅門王的聖經故事告訴我們的，無論是政治、金融、社會或情感的權力都要承擔很大的責任。這位國王留意到，少了他統治的那群人，他什麼也不是。重要的是他的人民，而非他自己的榮耀。所以當上帝問他想要什麼禮物，他祈求能有清明的論斷，以便能有智慧地統領他的人民。可惜，所羅門在繼承王位時所展現的謙遜是許多握有大權者所缺乏的，在神話與現實世界中皆是如此。我們可能會問，如果我們所對應的上級人士有一點所羅門的智慧，我們可能會生活在什麼樣的世界呢？

所羅門這項知名審判處理的不是要不要宣戰、該提高或降低利率、是否應增加稅賦，而是繞著兩個無比尋常婦女的不幸打轉，其中一人失去了孩子。這是治理中最重要的事務，因為要是我們不想處理同胞的感情事務，就無權獲得大權高位。逐漸與我們身旁流動的生命隔絕，不再理解能讓他人笑或哭的事，往往都是居高位的特徵。許多人功成名就後，在一路走來的某處，忘記了為孩子操心、因失去寵物而悲傷、看見美麗夕陽不禁微笑是什麼樣的感受。所羅門的著名智慧不是基於軍事力量或精準的貨幣判斷，而是對愛的理解，因為他能看清活孩子的母親寧可放棄孩子，也不願見他受苦。

這世界不是個完美的地方，人類也不是完美的。所羅門的智慧不是我們可以期望達成的境地，除了在做決策時也許能短暫窺見其一斑。當我們取得經理、董事、議員、議長、總統或總理等職銜時，必須設法記得我們真正服務的對象是誰，真正服務的是什麼事。由於所羅門決斷的深層意涵，使他贏得所有人民的敬重，在他統治期間從未有叛亂或革命發生。這對那些握有大權，卻因害怕失去到手的一切而常感威脅的人來說，是個很明確的訊息。除非權力受到謙遜的精神與真心為人服務的渴望所鍛鍊與激勵，否則持續的時間可能不長久。

第五部 人生大事

生命的巨大難題——人類為何受苦受難、追求更深或更高的現實、死亡之謎——許多世紀以來一直是哲學、神學、心理學思想關切的事。神話針對這些人生大事提供多樣化的深刻見解，在我們遭遇那些沒有答案的生命課題時，給予我們微妙但重要的指引。人在經歷過那些關鍵時刻後，往往會有所成長，生命也會變得更為豐富。但是，想從中找到難以捉摸的意義，讓我們從沮喪或痛苦的經驗中認出正向有益的事物，並不容易。相反地，我們可能會人失所望，甚至感到憤憤不平，因為我們無法從更深的角度與潛在的本質，理解生命中如此困難的重要關頭。因為生命的奧祕充滿矛盾，比起科學或傳統宗教教義愛說教的答案，神話故事探討遭遇遠比人類強大的那些力量，能帶給我們更寬廣、更具包容性的眼光。人類靈魂中有股強大的力量，但是唯有體認到生命裡最教人困惑的事物當中若非存有答案，至少存有意義，這力量才會開始成形。

第一章 生離、死別與受苦

生離死別是典型的人類經驗，任何人在一生中，多少會經歷這種痛苦。由來已久的宗教教義一直試圖為人為何受苦提供答案，尤其這苦難似乎是不公平或沒來由的。儘管愛追根究柢的人往往對這些答案不大滿意，但它們對尋求緩解痛苦的人提供了些許安慰。然而神話不像宗教信條，既無法解答人為何受苦，也不能告訴我們該如何避免，或神會用什麼補償我們。另一方面，受苦的轉化效應可見於許多神話故事中，這表示讓人無比痛苦的那些經驗當中，藏有更深層次的目的或作用。述說生離死別的神話故事具有一種奇異的療癒特質，因為我們能從故事中發現自身境遇的真實寫照，進而體認到我們並不孤單。如果深入神話提供的觀點，就會發現：唯有分享與同情心，才能為人類受的苦難帶來真正的療癒，而不是那些華而不實、聲稱能對生命最大謎團做出滿意解釋的簡單答案。

約伯的試煉：受過的苦，都將照亮前方的路

約伯（Job）的聖經故事向我們展現了一幅嚴酷的景象：人生可能有多不公平，孩子氣的「善有善報，惡有惡報」夢想可能會導致我們幻想破滅、憤憤不平。不管約伯必須忍受什麼折磨，他從未失去對神的信心。另外，雖然約伯必須經歷這些試煉的原因仍舊是個謎，但他信賴神的智慧——或者換個方式說，他相信生命——從來沒有讓他失望。

烏斯（Uz）這個地方有一個人名叫約伯，他完全正直、敬畏神、遠離惡事。他生了七個兒子、三個女兒。他是個有錢人，養了許多動物，有個很美滿的家庭。確實，他是東方人中最偉大的人物。

但是約伯的成功和安逸注定要結束。有一天，眾天使來侍立在耶和華面前，撒旦也在其中。耶和華問撒旦他從哪裡來，撒旦回答說：「我在地上走來走去，觀察那裡發生的事。」

耶和華問撒旦，「你曾用心查看我的僕人約伯沒有？地上再沒有人像他完全正直、敬

畏神、遠離惡事。」

撒旦回答耶和華，「約伯敬畏神，豈是無故呢？你一直保護他、賜福他；你且伸手毀他一切所有的，他必當面棄掉你。」

耶和華被這回答刺傷了，對撒旦說：「很好，那就測試他吧。凡他所有的都在你手中，只是不可伸手加害於他。」撒旦非常滿意，從耶和華面前退去。

然後，厄運開始接連打擊約伯。他的牛、驢、駱駝全被擄走，他的僕人被殺，從天上降下火來，將群羊都燒滅了。還有他的兒女在家裡吃飯喝酒，突然有狂風侵襲，使房屋塌倒，將他所有的兒女全都壓死了。

於是約伯撕裂外袍、剃了頭，伏在地上下拜，說：「我赤身出於母胎，也必赤身歸回。賞賜的是耶和華，收取的也是耶和華，耶和華的名是應當稱頌的。」這證明撒旦是錯的，因為約伯雖然經歷這種種災厄，卻從未詛咒神。

有一天，撒旦又來到耶和華面前。耶和華說：「如何？結果證明我對我的僕人約伯沒看走眼吧？地上再沒有人像他完全正直、敬畏神、遠離惡事。你雖激動我攻擊他，無故地毀滅他，他仍然持守他的純正。」

撒旦回答，「是啊，沒錯，人情願捨去一切所有的，保全性命。你且伸手傷他的骨頭和他的肉，他必當面棄掉你。」

耶和華說：「那好吧。他在你手中，只要留存他的性命。」

於是撒旦從耶和華面前退去，擊打約伯，使他從腳掌到頭頂長毒瘡。

約伯坐在爐灰中，向耶和華禱告。他的妻子問他，「你仍然持守你的純正嗎？你棄掉神，死了吧！」

約伯卻對她說：「妳這話太愚昧。難道我們從神手裡得福，卻不肯受苦嗎？」儘管他非常痛苦，約伯也不詛咒神。

約伯的朋友前來為他悲傷，安慰他。可是他們只能給他虛假的安慰。他們假裝自己理解神的工作，但其實他們什麼都不懂。他們說約伯肯定是在不知情的狀況下犯了罪，才會引來懲罰，或是神正在測試他，最終必會獎勵他。他們的話沒有帶給約伯安慰，只有悲傷。

可是耶和華對這些人似是而非的話很生氣，從旋風中對約伯說：「誰用無知的言語使我的旨意曖昧不明？你或他們知道什麼是神的力量嗎？我立大地根基的時候，你在哪裡呢？你知道天的定例嗎？」耶和華還問了約伯更多類似的問題。

於是約伯說：「我用什麼回答你呢？只好用手摀口，我不會再說了。」

接著耶和華把撒旦奪走、摧毀約伯的財產全都如數還給約伯。之後，他也有七個兒子、三個女兒。此後，約伯又活了一百四十年，得見他的兒孫，直到四代。這樣，約伯年紀老邁，日子滿足而死。

故事告訴我們的事

在迪士尼的世界外，邪惡往往不受懲罰，反而是善良好人被不公不義地擊倒。年輕、才華洋溢、美好的人死於可怕的疾病，而無情的獨裁者，身上背了數千條性命的殺人凶手活到一大把年紀，還舒舒服服地死在自己的床上。生命這嚴酷的一面為數千年來的宗教爭辯提供了論據。雖然就連自認為道德最高尚的宗教導師至今也無法精準定義美德（goodness），但是人類仍堅持相信，只要我們能發現那個方程式，就能逃離人生的沉浮波折。

約伯的故事告訴我們，人類苦難和不公平的根源並不是人有罪，因此應當受懲罰這麼簡單。約伯沒有罪，但是他受苦。耶和華和撒旦間那怪異且令人不安的對話揭露了一個缺乏道德觀的宇宙，我們嘗試用道德觀來規範自己，期望能獲得上天的恩賜。除了撒旦用如果耶和華不是如此善待約伯，約伯就會失去信仰，惹得耶和華生氣外，實在看不出耶和華願意將約伯的命運交付給撒旦的背後有何邏輯、理由或憐憫。然而，儘管這個故事中的耶和華展現的是不討人喜愛的那一面，但是約伯並未質疑耶和華的本質或威嚴。耶和華是神，就算努力發現某人的祕密罪行何在，也找不到解決苦難之謎的答案。那等同是說，受苦受難是沒有理由的，只因為受苦受難就是人生的一部分。對那些從小被教育耶和華是聖誕老人般人物的人來說，這是難以接受的情況。在生命的奧祕之前，你得謙卑，而唯有透過痛苦、失落、深刻的質疑與如實接受，才能發現那些奧祕。

約伯的朋友跟大多數人一樣立意良善，然而他們能提供的只有膚淺的詮釋，無法深刻觸動受苦的人。在這樣的時刻，假如朋友與我們所詢問的人，他們說話的目的是透過讓我們不再喊苦，藉以散播他們自己對痛苦的恐懼，那麼這些願意幫忙的人說出來的善意言語能給我們的幫助很少。哀痛自有其法則與時間節奏，唯一真正的撫慰是沉默，是單純陪伴在受苦的人身旁。努力提出簡單的對策，或許諾當前的受苦未來必有回報，都是對他人的侮辱。這故事也告訴我們，企圖用人類答案去解決宇宙奧祕，也是對神的侮辱。

在故事的結尾，約伯又恢復原本的富裕，有了新的家人。他逝去的兒女並沒有死而復生，顯然就連耶和華也無法讓已發生的事歸零。我們無法抹滅過去，或神奇地讓我們受過的傷癒合，忘卻曾經歷的不幸。約伯經歷過的事讓他成為一個男人。我們在這則古老故事真正看見的，是人成熟的過程，那是你我遲早都必須經歷的事。我們也許不會遭遇折磨約伯的那種極端不幸，但是生命的不公平遲早會碰觸到我們，我們會遭遇不該受的痛苦，承受師出無名的損失。無論我們相信生命根源於對上帝的信仰，或單純源自相信人類潛能，約伯的故事告訴我們，我們必須找到這種不求理性解釋或許諾最終回報的信任。只有那樣，我們才能重建自我，在飽嚐痛苦與失落後能找到力量，重新開始自己的生命。

奧斐斯與尤瑞迪絲：走過「失去」的哀傷

奧斐斯（Orpheus）與亡妻尤瑞迪絲（Eurydice）的悲傷希臘神話告訴我們，哀傷與失落苦中有樂的痛苦，以及儘管我們努力抓住從我們生命流逝的人事物，但結局是必然的。這則神話並未提供如何處理失去的簡單對策，但故事中有些溫和的提示，能幫助我們理解它神祕的運作方式，若我們願意放手，逝者會持續活在我們心中，但要是緊抓不放，超過其時限，逝者反而會在我們內心死去。

色雷斯（Thrace）的奧斐斯因能演奏出世上最悅耳音樂而享有盛名。他是繆思卡莉娥比（Calliope）與色雷斯國王伊亞葛羅斯（King Oeagrus）的兒子，雖然有人說他其實是太陽神阿波羅的兒子。他彈奏阿波羅送他的那把金色里拉琴技巧無比迷人，就連奔流的小溪都會停下來聆聽，岩石樹木都會自行拔起根，追隨他精湛的琴聲。

一個能為石頭注入活力的歌手要贏得美麗的尤瑞迪絲的愛絕不成問題。他們的婚姻起初極為幸福，可惜他們的歡樂很短暫，因為尤瑞迪絲被毒蛇咬傷，沒有解藥能將她留在生者的世界。奧斐斯悲痛欲絕，隨她來到她的埋葬處，彈奏哀婉的樂曲，深深觸動在場觀看葬禮行列的所有人的心。後來，奧斐斯的人生因為少了尤瑞迪絲變得黯淡無光，他四處尋覓冥府之門，企圖前往活人禁入、直到死期來臨才能去的地方，搜尋他失去的摯愛。

他的琴聲如此悽楚，就連載運亡者靈魂渡過斯提克斯河的嚴厲船夫凱倫（Charon）都忘了檢查奧斐斯的舌頭上有沒有那枚必要的錢幣。老船夫陶醉在迷人的音符中，毫不懷疑地載著這名歌手橫越分隔陽光人世與冰冷冥間的黝黑河流。從奧斐斯的金色里拉琴傳出的音符如此動人，連冥府入口的鐵柵門都自動滑開，而克貝羅斯（Cerberus），這條看守死亡陰沉入口的三頭巨犬一屁股坐下，甚至沒有露齒恫嚇，在撫慰舒懷的音樂下變得溫順。這就是奧斐斯能不受限制地通過大門，進入陰間的原因。有那麼幾個可喜的片刻，那些死後被打入地底深淵（Tartaros）的人從他們無止盡的折磨中得到緩解，就連鐵石心腸的冥王哈得斯一時間也軟化了。奧斐斯謙卑地跪在冥王與冥后面前，用最玄妙的旋律懇求他們允許尤瑞迪絲跟他一起回到生者國度。冥后波賽芬妮附在丈夫耳邊說悄悄話，接著，一個低沉的聲音打斷了奧斐斯的里拉琴聲。冥府的一切全都靜下來，聆聽哈得斯的諭令。

「就這樣吧，奧斐斯！回去上面的世界，尤瑞迪絲會像影子般尾隨你！但是直到你呼吸人世間的空氣前，別停下腳步、別說話，最最重要的是，別回頭張望。如果你那麼做，就再也無法看見她的臉。現在就動身，在靜默的路上，要相信你將不孤單。」

奧斐斯敬畏又感激地轉過身，穿過冰冷幽暗，走向標示著通往光明世界道路的閃爍微光。他行過沉默的廳堂，急著走向愈接近終點就愈來愈明亮的光源，他的腳步聲發出雜沓的回響。就在他將要跨入光明時，心中突然湧現不安的懷疑。要是哈得斯騙他呢？要是尤瑞迪絲沒有真的跟在他後面呢？他控制不了自己。他一轉身，就看見尤瑞迪絲帶著哀求的神情張開雙臂逐漸消失，這是她第二次死亡。這一回，陰間的大門不再為他敞開，他獨自一人、傷心欲絕地回到上頭的光明世界，有好幾年的時間，太陽都不再閃耀。

後來奧斐斯成了祭司，教導色雷斯人生死的奧祕，宣揚獻祭殺人的邪惡。他的音樂為許多人帶來喜悅、療癒和撫慰，但他無法化解自己的絕望，因為他失去了能讓愛妻倖免於死的唯一機會。他自己的死亡非常慘烈，因為酒神戴奧尼索斯對凡人接受如神一般的敬仰崇拜深惡痛絕，所以酒神的瘋狂女信徒將奧斐斯肢解。眾繆思後來將他破碎的肢體埋在奧林帕斯山腳下，據說那裡的夜鶯歌聲遠比世上任何地方的夜鶯啼唱更加婉轉甜美。

故事告訴我們的事

奧斐斯的故事打動我們的內心深處。它讓我們對自己也許能倖免於難、規避必然的死別抱有希望，然後再粉碎那個希望。奧斐斯很有天賦，也很特別，如果其他人不行，想必他可以破例，不受人必有一死的限制。我們往往相信假如自己很有天分或足夠特別——比如做出某件臻於完美的藝術作品，或非常有錢有勢，或長得非常漂亮，或很正直善良——就能以某種方式豁免悲傷和死亡。奧斐斯的音樂引起我們的共鳴，因為我們暗自感覺如果像他就能是例外。「我知道人終有一死，」我們說：「但是在這種情況下，我和我所愛的那些人無疑可以倖免。我實在無法相信這樣的事會發生在我和我深愛的人身上。」我們不願相信喪親之痛或悔恨等可怕的感覺無法避免，還有生離死別的經驗並不因為人的價值高低而有分別。

然而，奧斐斯與亡妻尤瑞迪絲的故事告訴我們，因為我們是人，注定要面對生離死別。正是奧斐斯與尤瑞迪絲的人性讓他們必然要受苦、失去和死亡。尤瑞迪絲的死突顯了生命的不公與不可預期，而死亡則是不可避免的一部分。奧斐斯的機遇起初看起來相當振奮人心，因為他的音樂甚至讓嚴厲的哈得斯變得寬容。然而他在最後一刻失去信心，回頭一望，一切盡失。我們心想，「要是他沒有回頭看……」但我們其實很清楚那是不可避免的，因為奧斐斯是人，沒有人能絕對信任看不見的事物。就連耶穌被釘死在十字架上的故事也告訴我們，懷疑是不可避免的，而當信心破滅、灰心籠罩時，源自極度痛苦的那一刻即將來臨。

這個故事藏有一個令人不安的矛盾。我們絕不能回頭看，因為一旦回頭，又得再次經歷悲傷和死別。但如果不回頭，又怎能確定自己真的倖免於難？況且，真有人能忍住不回頭看嗎？如果從心理層面去理解尤瑞迪絲的有條件復活，我們也許能瞥見藏在這故事中的智慧。當我們轉頭回看，渴望過去能重來，長年累月的「要是……」一次又一次地折磨我們所有人，我們譴責自己重演我們的悲傷，面對逃避不了的事實，重溫我們的無能為力。假如我們接受故人已杳，轉而面向未來，那麼逝去的摯愛將會永遠與我們同在，因為我們記得那些喜悅與愛。那樣的記憶無法被抹滅，我們在心裡記得曾愛過的那些人，他們的愛以某種方式改變了我們。也許那是尤瑞迪絲返回光明世界的深層意義——不是以完整生命的形式復活，而是成為奧斐斯心靈中活生生的一部分。從這個意義來說，一直想著至親摯愛的死讓我們活在痛苦中，既得不到幫助也無法釋懷，這樣會比相信生命繼續懷有目的、帶著失落向前行失去更多。

當我們失去所愛，不可避免地會有段時間活在黑暗中，我們必須設法度過那些哀傷的階段，它們各有自己發生的時間和週期。哀傷是個複雜的過程，牽涉到暴怒、絕望、理想化、否定、內疚、自責、責怪他人，在我們再次感受到生命之前，還會有持續一段時間的憂鬱和麻木。而且它不是個一致的過程，因為痛苦可能會在意想不到的時刻升高、淹沒我們，對此我們必須有所準備。這或許也是理解哈得斯的命令「別回頭張望」的一種方式。因為回頭看其實是設法讓那個片刻停頓，讓哀傷的過程發生短路，但唯有讓哀傷遵循它的時間安排，才能帶來療癒的可能。當別人傷心的時間長過我們認為他們理當如此時，我們會感到不自在。因為對於哀悼的容許時間有多長、對逝者該有什麼樣的感受，我們是有定見的。然而每個人的狀況不同，每個人經歷的哀傷過程也不盡相同。想要停止回頭看，有賴我們放棄「人生會為我們破例」的盲目信念，同時也要求我們相信哀悼的自然過程，不管要花多長時間，無論哀痛會在我們心中引發何等難受的情緒。透過這種方式，我們才能從與逝者共享的愛當中找到永恆的生命。最後，我們來到哀傷的另一面找到平靜的認可，而非痛苦的無奈，並讓生命再次流入心田。

半人馬族的凱隆：有時候，很想要問為什麼

生命的不公是我們很難接受的事。我們不斷透過能恢復我們對宇宙平等有信心的各種學說與哲學，嘗試為生命的不公找出合理解釋——通常是說服自己善有善報，惡有惡報，不是不報，時候未到。希臘神話中的凱隆（Chiron）就像聖經故事裡的約伯，承受不公平的痛苦與折磨。這故事絕非鼓勵天真輕信，而是告訴我們不公平的苦難可能全無理由。然而，如果願意讓苦難從內心徹底轉化我們，苦難也許就有意義。

凱隆住在培利翁山（Mount Pelion）雪峰高處的山洞裡，他是半人馬族（centaur）裡年紀最長，也最聰明的一個。半人馬族是一支神祕種族，具有半馬半人的外觀，他們是克羅諾斯（Cronus）化為一匹馬，強暴某個仙女生下的孩子，因此，這個結合的後代都是半獸半神。

雖然其他半人馬族大多性情狂野殘暴，但是凱隆卻具備不尋常的智慧與溫柔，而且與人類為友。他擁有罕見的豎琴演奏技巧，經常在人類談話時透過豎琴的甜美音樂提供重要

的忠告。他熟知所有傳統草藥知識的奧祕，能夠治療人類醫藥無法緩解的許多疾病。他懂得星辰的智慧，並教授占星術的學問。他的名氣如此響亮，很多國王都把兒子託給他全權照顧[1]。這些年輕學生從凱隆這兒學到敬畏眾神、尊敬長者，在痛苦與艱辛中互相支持。這個有智慧的老半人馬教他們創作樂曲，跳舞時保持風度，摔跤、拳擊和奔跑，爬上高聳的岩石，在山林裡獵野獸。他們學習解讀天界的預兆，採集能緩解感染與疼痛的植物。凱隆教育的這些青年學會笑著面對危險，鄙視懈怠與貪婪，秉持勇氣與濃厚興趣面對找上他們的一切。他們長成出色且強壯、謙虛又勇敢的大人，從學習服從當中明白如何勝任統治的重責大任。

在凱隆眾多赫赫有名的朋友當中，強壯的英雄赫丘力士是其中一人。這名巨漢曾經和令人生畏的怪物九頭蛇（Hydra）交手，最後終於殺死那野獸。當時赫丘力士把幾支箭頭蘸上九頭蛇的毒血，為它們增添多一層致命力量。此刻，在他前去拜訪凱隆的路上，這名英雄遭到一個狂野殘暴的半人馬家族伏擊，隨即爆發一場激烈的戰役，赫丘力士獨力對抗成群來襲的敵人。凱隆聽見打鬥的聲響，走出居住的洞穴外，他高舉雙手做出和平的手

1編按：凱隆在培利翁山（Pelion）的山洞中，將阿奇里斯、阿斯克勒庇俄斯、雅西昂（Iasion）扶養長大，並且教育他們。

勢，卻恰好走進赫丘力士與被毒箭瞄準的某個半人馬之間。偏偏毒箭已離弦，加速飛向目標，結果它深深刺進凱隆的大腿。

如果凱隆完全是動物或人，就會當場死去。可是他有一半神的血統，永生的恩賜此刻反倒成了他可怕的負擔。傷口劇痛難當，他大聲哀號，退回自己的洞穴中。這個聰明的治療師找不到能對抗九頭蛇毒的解毒劑，也沒有方法能緩解劇烈疼痛。除了忍耐，別無選擇，因為他無法像其他凡人一死以求解脫。疼痛促使他嘗試許多新療法，其中有些對其他受苦的人來說非常有價值，可惜沒有任何新療法能緩解他自己的苦痛。

情急之下，凱隆懇求眾神之王宙斯賜他一死。宙斯同情他的處境，允許他像尋常凡人般進入冥界，凱隆因此終於能從死亡得到解脫。

故事告訴我們的事

這則陰暗的神話並不容易被接受。像凱隆這樣聰明又有教養的好人只因為在錯誤的時間、出現在錯誤的地方就必須受苦，似乎非常不公平。在現代世界遇上這類事件會讓我們充滿無助的暴怒與困惑。「為什麼這種可怕的事會發生在這麼年輕……這麼善良……這麼好的人身上？怎麼不是發生在壞人或無恥的傢伙身上？」我們想要相信生命是公平的，因為這種信念讓生命看似是可控制的。假如好人會得到善報，那麼要得到善報必須做的事就是當個好人。這很單純，而且落在我們能控制的範圍內。至於為善卻遭逢意外打擊，徹底毀了我們一生，這想法實在令人不能忍受。無論是人類發明（如戰爭）或大自然本身（如地震、乾旱與洪水）造成的集體災難，都讓我們從全球的角度面臨生命重大的不公。無論我們多麼想要相信一個正義的宇宙，遲早都會遇上不公平的苦難這個謎。

當不公平的事發生時，無論是不是我們「應得」，除了忍受，我們別無選擇。起初，我們會設法責怪某人或某事，企圖找出代罪羔羊，把責任推到對方身上，藉以舒緩自己的煩憂。我們怪父母、怪社會、怪政府、怪少數群體，怪唾手可得的任何事物，因為我們就是無法接受「責怪並不恰當」的情境。到最後，唯一可能的反應是理解與同情。「同情」（compassion）這個詞來自拉丁字根，意思是「遭受痛苦折磨」。不公平的苦難是大家共有的經歷，它可以開啟我們與他人的深度關係。儘管我們可能永遠無法為這類不應受的痛苦找到正當理由，但仍可從它淨化並轉變人心的方式窺見它終極的轉變力量。

藏在故事中的暗示指出，企圖教化人性中野蠻的那一面必須付出代價。儘管這個代價無疑是不公平的，但犧牲是必然的，因為那就是生命的本質。赫丘力士象徵意識的自我

（conscious ego），狂野的半人馬族代表人類內在有害的本能力量，如果我們要為自己創造一個更美好的世界，就必須在兩者間使勁掙扎。有時候，不公平的痛苦與失落就是那種爭鬥的結果。唯有從更寬廣的視角去看這個故事，才能窺見它深層的意義，雖然可能還是沒有公平可言。

凱隆自願求死可以被視為一個重要的象徵，他用自己的永生交換凡人的命運。我們不妨將這個死亡視為一種徹底的心理轉變，打從內心接受人類極限。唯有當我們認定自己很特別，可以免除生命的波瀾翻覆，才會遭受凱隆傷口那真實毒物的折磨。這個毒物可以被理解成持續憤恨造成的侵蝕痛苦。如果我們期望免受生命翻覆所苦，等我們發現自己其實並沒有那麼特別時，就會變得憤憤不平，心中滿是怨毒。當不公平的苦難進入我們的生命，「為什麼是我？」的人類必然反應也許得由更睿智的疑問「為什麼不是我？」所取代。凱隆的天賦才華與不朽本質無法保護他免於生命的無常，我們的天賦與「更高的」靈性也做不到。我們也需要接受自己的凡人限制，承受內心死亡與轉化，讓自己甘願過尋常凡人的生活。

雖然半人馬族是一種奇異的生物，但凱隆的神話故事其實是人類的故事。我們是對立與矛盾的混合體，半獸半神，善良且具有大智慧，卻也同等野蠻與殘暴。與赫丘力士交戰的狂野半人馬和凱隆的高尚同樣存在我們體內。這些對立面與人類有著千絲萬縷的連繫，永遠無法完全解開。無論我們有多聰明，都擁有殘暴對待彼此的能力，而且就算身為個人，選擇向「內在聖靈亮光」看齊，我們仍舊共享這種集體的雙重性。因此，我們的身體或心靈全都可能遭受不公平的痛苦，而且一旦受到這種傷害，我們永遠無法完全康復，因為我們的純真永遠無法恢復。選擇同情的康復之路並接受凡人限制，而非任由自己對生命懷恨、持續侵蝕內心，是我們的職責。

第二章　心靈探索

數千年來，心靈探索向來是文學與藝術的重要主題，因為人類靈魂中有一種狂熱，從不停止追求更大的目標，也從不放棄相信有東西能超越肉體死亡而恆久存在。也許這就是人類與其他動物最大的區別。可是，這樣的探索並不只是想服事神，也牽涉到追求知識——不僅僅是以傳統宗教術語表達的神學知識，也包括世上偉大的科學家與心理學家戮力追求，支撐現實世界諸多法則的知識。追求知識可能會帶我們走上黑暗的道路或光明的道路，也可能向我們揭露我們內心的邪惡及良善。本章的三則神話故事，都與心靈探索有關，也都涉及自我面質（self-confrontation），突顯出蟄伏在人類靈魂核心那黑暗與光明的深刻矛盾。

浮士德博士的命運：少了惡，怎能理解什麼是善？

浮士德博士（Dr. Faustus）的故事對人類靈魂神祕的善惡之戰有最精彩的描述，遠勝過其他神話故事。馬羅（Christopher Marlow）的偉大悲劇作品《浮士德博士》（*Dr. Faustus*）與歌德（Johann Wolfgang von Goethe）出色的敘事詩《浮士德》（*Faust*）都是從這則中世紀故事取材。這故事說的是某人的心靈探索最終導致他將靈魂賣給惡魔。後來，他體認到世俗享樂的枯燥無味，並透過懊悔與憐憫得到了最後救贖，這說明人必須理解黑暗與光明才能找到內心平靜。

從前有個聰明的哲學家暨神學生叫做浮士德博士。但是，哲學家和神學家傳授有關上帝本質與生命意義的道理無法滿足他追根究柢的腦袋瓜。再者，他驕傲的程度跟他淵博的知識不相上下，他想靠一己之力找出生命最大奧祕的答案，而不願接收那些他暗地裡瞧不起的人所說的訊息，因為這樣他就能獨攬所有的功勞。

所以浮士德博士斷然放棄研讀神學，轉而成為祕傳魔法（hermetic magic）的學生。因為他希望能在鍊金術實驗中發現生命的祕密，並掌握從古埃及傳下來的魔法與巫術的禁忌知識。然而，就連這些禁忌的研究也無法告訴他所有他想知道的事。他陷入重度憂鬱，在絕望中召喚地獄惡靈。為了回應他的召喚，一頭黑狗不可思議地出現在這個學者的書房，接著變成一個怪異的人形，這個邪惡與否定的精靈自稱是梅菲斯特（Mephistopheles）。梅菲斯特總是不斷搜索能說服對方加入邪惡這方，從而騙過上帝的人類靈魂，而浮士德想要梅菲斯特對生命祕密與神的本質所擁有的知識。因此，他們訂下了契約，以血立契。梅菲斯特同意這一世服侍浮士德，而浮士德同意在來世任憑梅菲斯特差遣。梅菲斯特很清楚浮士德會付出什麼代價，但是這名哲學家還不明白那代價就是他不死的靈魂。他簽字賣出，直到永遠。

有好一段時間，浮士德對梅菲斯特展現給他看的魔法與神祕事物覺得很興奮，並相信他終於逐步明白上帝的祕密。但是否定的黑暗精靈逐漸腐蝕這個學者的意志，引誘他愈來愈淫亂放蕩且傲慢自大，所有追求心靈探索的智慧全都不見了。浮士德想要占有一個名叫葛瑞琴（Gretchen）的年輕女孩，梅菲斯特用計引誘，讓她落入這個學者的手中。不久，她懷了浮士德的孩子，他卻始亂終棄，讓她因絕望而發瘋，甚至殺了自己的奶娃兒，隨即因犯下的罪而被處決。浮士德這才意識到自己對一條無辜生命造成嚴重毀滅，內心痛苦不已，深切懊悔。雖然他受到梅菲斯特的控制，但是他已經開始真正愛上這女孩，因此，他靈魂中的某個東西並沒有受到侵蝕。這是梅菲斯特沒有料想到的事，因為愛的救贖力量是永遠否定的精靈不了解的事。

但那就是梅菲斯特對浮士德的影響力。多年來，這個哲學家恣意縱欲，深入探究每個祕密的宗教儀式。所有他想知道的，他都學到了，他了解天堂輝煌的高峰和冥界掩蔽的深處。然而，對害死葛瑞琴的愧疚像是他心裡的一處潰瘍，儘管墮落，但他心中有東西持續嚮往光明。當這名學者年紀漸長，梅菲斯特耐著性子滿足地等待著，因為這名學者很快就要面臨死亡，屆時他的靈魂將會永遠屬於黑暗這一方。沒想到在最後一刻，當浮士德終於得面對他簽下契約的真正後果，由於他滿懷懊悔、愛與痛苦，使他的靈魂從梅菲斯特的指間滑落，在高高的天上重獲新生。

故事告訴我們的事

浮士德博士的故事是人在黑暗中努力尋找光明的神話隱喻。浮士德是我們所有人內心世界的典型，充滿了矛盾的衝突，一方是自私自利的欲望，另一方是嚮往為更高更大的目的服務。儘管原始故事源自中世紀基督宗教，因而以有些簡化的方式呈現善惡對立，然而它乘載的訊息超越了特定的宗教教義，尤其是從心理學的角度去理解它。浮士德象徵著每個人心中的探究精神，足夠勇敢且我行我素地揚棄傳統宗教權威提供的教條，然而，假定打著求知的名號便能蔑視根本的人性道德，卻是很危險的傲慢。我們可以譴責浮士德的貪婪與自大，卻必須佩服他的勇氣，以及為了洞察生命奧祕的核心而樂於拿自己的靈魂冒險。在此我們看見善惡之間的深刻矛盾。為了真正理解善，我們必須也認識惡；為了對惡有所認識，首先必須在自己內心的隱密暗處與惡交手。

浮士德對傳統哲學與神學課程的失望反映出一個優秀知識分子的左右為難。好的知識分子不能因為被告知該這麼做就「照單全收」。真心誠意的心靈探索不是來自單純接受信仰，而是從幻滅和想要理解生命矛盾的強烈念頭出發。許多人從未跨越單純的信仰，因為得到簡單的答案比陷入道德與精神困境更令人安心。儘管這種人的內心不必冒著不安全的風險，但他們可能永遠不會真正明白生命是怎麼一回事，在面臨不公平的苦難所引發的無解問題時，無法在內心找到平靜。世上有許多偉大的宗教譴責這樣的質疑，浮士德那個時代的中世紀教會也是如此。質疑會涉及危險，但是它也會開拓真實感受靈魂與內心世界的潛能。

權力會腐化人心，這個事實在精神層面與物質層面同樣真切。浮士德剛取得的權力讓他跨越了道德界線，使他對自己帶給葛瑞琴的毀滅無動於衷。不過他的確愛她，無法完全忽視自己的所作所為。這小小的自責種子由憐憫而生，最終讓他騙過惡魔，找到寬恕與救贖。因此，拯救他的並不是「善良的作為」，是儘管驕傲自大、縱情恣欲，他還能愛人並感到悔悟。我們總是被教導，想蒙神悅納就必須行「善」。然而浮士德的故事告訴我們，善與某個歷史時代的某個社會所擁護的道德定義有關。不過，愛和悔過並不局限於特定文化或宗教的信條。它們容許我們領略光明與黑暗的滋味，並以某種方式保有靈魂的完整性。任何誠實的心靈探索，可能會引出我們自身黑暗與破壞的潛能。唯有正視這些事，甚至是給自己一段時間感受我們無法彌補——自己「與惡魔立約」——我們才能體會被稱作「恩典」（grace）的事物。雖然恩典是基督宗教的詞彙，卻不僅適用於基督宗教。它是一種由內心產生的神祕內在釋放，不僅對我們的善說得通，也對我們的惡有意義。

因此，浮士德博士的故事並非乍看之下以為的那種簡單道德故事，它說的是一趟內心旅程。從心理學的角度來看，所有神話的每個人物都存在你我心中。浮士德與梅菲斯特是一體兩面，反映出人類的兩種面向。當我們把生命看成毫無價值，視他人為無名小卒，就可以體驗到否定的精靈（spirit of negation）。我們每個人的身上都能發現否定的精靈。

每一次我們對生命大失所望，就可能在內心召喚梅菲斯特。但是梅菲斯特不僅僅是惡魔。在歌德的偉大劇作中，梅菲斯特對浮士德說：「我是個總是想做惡，卻永遠行了善的精靈。」也就是由於我們內心黑暗面的作用，我們最終可以找到自己通往光明的方法。

佛陀悟道：重生之輪

我們在第二部曾見過當時叫做悉達多的年輕佛陀，隨後他離開家園與家人，去追求自己的天命。此刻，我們看見佛陀經歷掙扎與痛苦，終於實現他追尋的目標：了解苦難的意義與生命的終極目的。從最深層的心理意義來看，佛陀悟道可以被視為一樁真實事件，一則宗教寓言故事，或一個神話故事，或者可以在這三種解釋當中找到真相。作為神話，這則故事告訴我們人的靈魂從無知的黑暗，到對生死循環的轉變理解這典型的旅程。

悉達多王子想了解人類苦難之謎而離開家人，後來他成了僧人，透過修持不同流派、跟隨無數明師尋找智慧。他持續行腳，然後在某條河的河畔停留了六年，實施嚴厲的苦行，餓得孱弱枯槁、不成人形。因為他相信，如同許多宗教人士相信，如果他否定身體的每個欲望，最終能使他的精神生活更活躍。

幸好他及時體認到，那樣過度自我懲罰只會破壞體力，讓人變得虛弱無力，卻對解放人的心靈無益。悉達多明白，他必須超越苦行主義，正如同他得超越世俗生活。有個村姑看見他的虛弱很是不忍，拿了碗米飯給他。精疲力竭且骨瘦如柴的他接受了。飯後，他到河中沐浴。五名同他一起修行的弟子認定他的作為是自我放縱，覺得遭到背叛，決定放棄追隨他。他們對彼此說，也許他畢竟沒有真的看透紅塵。

然後，悉達多動身前往一處叫做菩提伽耶（Bodhi-Gaya）的地方，在那裡可以找到智慧樹（Tree of Wisdom）。當他穿越森林，他的身體發光，吸引鳥兒繞著他飛翔，動物也來護送他。等他抵達那棵神聖的菩提樹下，他把一捆新鮮的乾草鋪在地面，坐在上頭打坐，還鄭重發誓，「不證得無上正等正覺，寧可碎是身，不起此座！」他起誓時，地面震動了六次。

有個名叫魔羅（Mara）的惡魔知道，若悉達多悟道即代表他自己的毀滅，因而決定設法阻撓。他派自己的三個漂亮女兒去誘惑悉達多。這些女孩在他面前又唱又跳，但悉達多的心思和表情沒有絲毫動搖，猶如蓮花出淤泥而不染。被擊敗的惡魔女兒只得撤退。接著，魔羅派了一隊可怕的魔鬼團團包圍這棵神聖的菩提樹，並百般威脅悉達多。但是悉達多是如此全然安詳，他們發現自己不能活動，手臂被綁縛在身體兩側。最後魔羅從雲端乘象而下，並猛力擲出他駭人的武器——一個巨大的圓盤，能將山一分為二。然而這武器對悉達多起不了作用。它變成一頂花冠，懸浮在悉達多的頭上。

魔羅終於被打敗了。靜止不動的悉達多繼續在菩提樹下坐禪。夜幕低垂，悉達多尋找的道在他心中愈來愈明晰。首先，他知道一切眾生的確切狀態，接著明白他們再次誕生在這物質世界的成因。他看見世界各地老老少少的有情生死流轉。他記起自己的前世，領會到因果間的必然連結。當他靜思人類的苦難時，他體悟到它是如何發生的，什麼方法能讓它停下來。

當黎明來臨，悉達多豁然覺悟，成就正等正覺，成了佛陀。接著他又坐禪七日，然後在菩提樹附近又逗留了四週。他知道自己有兩條路可以選擇。他可以立刻進入涅槃這種至福的狀態，或者他可以暫時放棄自己的解脫，在這段時間留在人間，把他證悟的真理傳授給其他人。魔羅催他快點離開這世界，但眾神一致懇求他，而佛陀最後順從了他教授佛法的終極命運。在他的餘生中，他努力向世間男女宣說痛苦與重生的奧祕。最後，在佛陀八十歲那年，他覺得自己老了，準備好迎接他的人生終點。他在一條河的河畔躺下，附近的樹立刻開滿了花。他先是進入禪定，接著出神，最後圓寂涅槃。佛身滅度火化時，棺槨旁的柴木不燒自燃，後來又在恰當的時刻下了一場不可思議的雨，熄滅熊熊大火。就這樣，一個凡人走過荊棘滿布的道路，證成覺悟，接著為了將光明帶進其他人生活的黑暗中，他轉身延後自己解脫的時間。

故事告訴我們的事

佛陀悟道的故事為千千萬萬的信眾提供了智慧與平靜，不過我們無須信奉佛教，也能發現這個故事重要的心理事實。悉達多起初嘗試從常規接受的教義——恰恰是許多心靈探索展開的方法——為他的疑問尋找答案。然而，如果我們像悉達多一樣致力於追求真理，而不只是想為自己的痛苦尋求撫慰，我們可能也會發現，那樣的奉獻無法滿足我們。接著，我們會開始朝既定宗教體系的教義之外去尋找答案。

接下來，悉達多企圖透過否定他的生理需求和欲望求得覺悟。這對許多人來說往往也是求道的一個階段，因為在西方，我們繼承了數百年以來的傳統，認為身體是所有邪惡的根源，且生理享樂會妨礙靈性生活。然而，悉達多認識到如同之前放棄傳統宗教教義，他也必須放棄苦行生活，因為身體的壽命也是天賜的。想像我們能透過否定、甚至是摧毀神的創造物找到神，說好聽是愚蠢，說難聽就是狂妄自大。在心理上，明理人嚮往的典範是整體性，而非極度不平衡。因為當身體憔悴生病，精神也無法維持得好。但是有時候我們得吃過苦頭才能發現這一點，如同悉達多那樣。當他終於允許自己接受米飯的供養，並在河中洗去積垢時，他不知變通的弟子離開他。同樣地，我們可能會發現，如果我們膽敢反駁教義，承認被標示為「壞的」或「有罪的」需求和欲望，就會遭到既定宗教之路的驅逐。

悉達多在智慧樹下悟道，而智慧樹的偉大象徵再現了許多其他神話故事的類似意象。在亞當與夏娃的故事中有分別善惡樹（見八十六至九十一頁），長在海底的永生樹召喚吉加美士（見一一九至一二四頁），還有在古北歐與條頓神話中，支撐起整個宇宙的宇宙樹（World-Tree Yggdrasil）。數千年來，人類總是將生命與智慧的來源想像成一棵樹，也許是因為樹木描繪出一種基本的二元性，而那也是人類靈魂的核心。它的根系深植於大地，但它的枝葉卻渴求天空。而且它是個活生生的生命，不是一種智識建構，而唯有透過與生物生命的接觸，才能找到悉達多追求的靈性真理。

從心理上來看，惡魔魔羅是悉達多自己的某個面向。就像浮士德故事中的梅菲斯特，魔羅是內心黑暗的擬人化，還企圖以梅菲斯特腐蝕浮士德的相同手法讓悉達多墮落。但是悉達多不像浮士德，他關切的重點是內在，使他免受惡魔的威脅。對普通人來說，尋求靈性答案是什麼意思？悉達多的絕對平靜反映出他全然投入其探索目標。這是個聚焦、排定優先次序、賦予他正在思索的奧祕極端重要性的問題。如果我們讓自己內在的惡魔——無論是物質的誘惑、恐懼或焦慮——不斷分散我們的注意力，我們肯定找不到內心的寧靜。聚焦於自身和嚴格苦行並不是同一回事。它是一種態度、一種心境，而不是一套指定的磨練。也許這就是為什麼佛陀一個人就能完成他做的事。因為如此全然專注在內心世界的重要之處對我們來說很難，特別是在我們年輕的時候。這種專注的內在努力確實只有在人生後半段才有可能發生，當我們已經厭倦了過度滿足，而且他人的苦難開始比我們自己的小小世俗苦樂對我們更有意義時。悉達多經歷的是人生經驗的不同階段，每個階段對他進入下一個階段都是必要的。在他準備好放棄他尋求的一切之前，他必須先試遍每一件事。

我們可能無法達成佛陀的故事所描述的那種覺悟，甚至連企圖嘗試都顯得傲慢自大。無論被認定是神話人物或偉大的宗教化身，佛陀都是個典範，而不是個尋常凡人。但是，從更大更廣的角度理解我們的生命，並意識到許多人類苦難背後的因果關係，對所有人來說則是可行的——前提是我們準備好靜靜地、不招搖地將追求理解這個目標放在我們生命的中心。

帕西法爾：尋找聖杯的考驗

我們曾在本書第二部見過年輕的帕西法爾騎著馬經歷許多冒險。後來，帕西法爾偶然發現了聖杯城堡，看見了受傷的國王與聖杯的異象，卻沒有提出正確的問題。靈性實相（spiritual reality）的異象往往會在人年輕時自發地出現，可是那時的我們不夠成熟，無法了解或詢問它對我們有何意義。現在我們遇見年紀較長的帕西法爾，在歷經戰鬥與苦難的淬鍊後，他終於有能力提問：聖杯究竟意味著什麼？

年輕的帕西法爾騎馬離開聖杯城堡時，並不明白自己在那裡看見的是什麼。他在樹林裡遇見一個漂亮女孩，她聽見他造訪聖杯城堡卻什麼也沒學到，對他的愚蠢大為吃驚。「真是個不幸又討人厭的傢伙！」她大叫。「假如你開口問問題，不知有多少荒蕪能恢復生機。生病的國王會痊癒，一切都會好起來。可是現在會導致更糟的麻煩。你的表現實在無能透頂。」

帕西法爾羞愧地繼續趕路。過了一段時間，他遇見另一個女人，但這個女子的長相極醜，彷彿是從地獄冒出來。她手上拿著一根鞭子。她也痛斥帕西法爾沒有詢問聖杯的事，警告他有很多人會因他的自私和愚行而受苦。

後來有五年的時間，帕西法爾四處流浪。他在這段時間完全忘了上帝。他只是一心希望得到格鬥的機會和參與不尋常的冒險。有一天，他遇見三名騎士和他們護衛的多名貴婦，一行人全都徒步且穿著悔罪的服裝。這群人很驚訝帕西法爾竟然在神聖的耶穌受難日[2]全副武裝四處溜達。他難道不知道這一天誰都不該攜帶武器嗎？他們剛從一位神聖的隱士住處離開，他們向他告解，並從他那兒得到寬恕。聽到這話，帕西法爾哭了，他想去拜訪這位隱士。他找到這個老人，坦誠這五年來他徹底忘了上帝，專門為惡。隱士問他為什麼，帕西法爾告訴他，自己曾一度造訪漁人王（Fisher King）並看見聖杯，卻沒有對他們提問。這個疏忽讓他心煩意亂，放棄了對上帝的信仰。

隱士知道他的經歷後，赦免了他的罪。接著，帕西法爾再次踏上旅程。雖然他還沒有能力提出決定性問題，但是他重獲希望。

在此之後，帕西法爾決心再次找到聖杯城堡，以求彌補他早先的遺憾。他遇見更多冒

2譯注：Good Friday，復活節前的星期五，為的是紀念耶穌受難。

險，但聖杯的事總是縈繞在他心頭。有一天，他遇見一個少女坐在橡樹下。因為他對她很好，她給他一只鑲有魔法寶石的戒指，能讓他騎馬走上一座奇特的玻璃橋，接著再跨越危險的第二座橋，這橋會自轉。翌日清晨，帕西法爾在一座神祕森林中迷了路，他懇求上帝引領他前往聖杯城堡。他騎馬前行，接近傍晚時，看見遠處有棵神奇的樹，上頭掛了許多點亮的油燈。他在那裡遇見一位獵人，對方告訴他聖杯城堡就在附近。最後，他終於抵達城堡。僕役領他來到坐在紫色臥榻上的聖杯國王面前。帕西法爾這時懷著同情看待生病的國王，他因為國王的疼痛而感到痛苦，也為國王長久的悲痛而憂傷。經過催促，他恭順地向國王稟告他漫長的冒險，也坦率說出自己的失敗經驗。接著他終於問，國王哪兒不舒服？最重要的是，聖杯是什麼？它為誰效力？聽見這些話，病懨懨的國王一躍而起，病完全好了，他擁抱帕西法爾。這時，國王透露自己是帕西法爾的祖父，只能再活三天，接下來就由帕西法爾繼承王位，統治這個王國。

展開旅途時年輕又愚蠢的帕西法爾至此才明白，聖杯是對他自己不朽靈魂的憧憬，唯有透過苦難、同情與奉獻全部的生命才能認清它。透過最後詢問這個幻影的意義，他擺脫了自己的愚昧無知，掙得成為合適於領受榮光的器皿這個權利。

故事告訴我們的事

在這個故事中，重新找到聖杯城堡這棘手的漫漫長路，之後緊接著並非完成英雄事蹟，而是透過帕西法爾與數名女子偶然相遇逐步實現。這透露出心靈探索非常重要的特點：它並非透過苦行主義或否定俗世生活，而是透過人際關係來建構與促成。無論性別，人會透過對他人的情感涉入開始發現自己會優先考慮的事是什麼，當生命從青年走入中年，對自己遲鈍與冷酷行徑的懊悔會開始轉移到靈魂的深處。

過去幾個世紀以來，聖杯的故事被放在許多不同層次來解讀，而那些說法全都有些道理。從心理學的觀點來看，它是一趟內在的旅程，雖然原始故事的意象是基督宗教的，但這趟內在旅程與任何深刻的宗教信仰，正統或非正統的，都是能共處的。這真的是一趟發現同情心的旅程，唯有我們允許自己與他人一同感受，且因自己行動的後果而受苦，憐憫之心才會油然而生。讓帕西法爾以正確方式對生病的國王做出反應的，是同情心，讓我們超越自己關切的事物看見周遭的荒漠，也看見所有人都需要找到一線光明照亮他們人生旅程的，是同情心。生病的國王與聖杯是帕西法爾自己內心的意象，如同它們也在我們每個人的內心裡。國王代表心靈得了無意義感的病，而聖杯則是不斷流動、與生命其餘部分和諧共處，這是無意義感的唯一解藥。我們有很多宗教詞彙描述同情心的基本經驗，但也許宗教術語是沒有必要的。因為所有最具徹底轉變力量的經驗都來自神祕的一體感（sense of unity），當我們分享別人的痛苦與快樂時，就會出現這種感受。意義與同情心因此在這則神話故事中是密不可分的。

生病的國王在故事最後得到治癒，但是他樂於接受死亡，好讓王冠能傳給他的孫子。如同在稍早的章節登場的凱隆（見二八六至二九一頁），死亡作為轉變的象徵在此有另一種表現方式。受傷的人如今康復後死亡，他的生命得到更新且充滿希望，如今能影響我們行事依循的動機。藉由這個方式，我們在生命中經歷的苦難、看似不可挽回的傷害，通通可以被放棄，讓生命可以本著希望與寬厚的精神重新開始。年輕的帕西法爾表現得像個年輕人是正確且合宜的，他犯下的錯誤和愚蠢的表現在那個年紀也是相稱的。隨著他年紀漸長，經歷了更多消沉疲乏與憤世嫉俗後，心靈探索開始逐漸取代他早期決心成為一個偉大的騎士並得到外界認可，這也是正確且合宜的。因此，當我們厭倦了累積財富或努力取得世俗成就時，在某個時點，我們也可能會問：我們生活的真正目的究竟是什麼。

第三章 最終旅程

不管我們一生的技能、努力、抱負與行動為何，死亡都會找上我們所有人。強或弱、聰明或無知、富裕或貧窮、善或惡，我們最終都得向死亡屈服。死亡是生命中唯一不變的事物，也是生命最大的謎。無論我們在科學上取得多大多尖端的進展，仍無法解開身體死亡時會發生什麼事這個謎。長久以來，人類一直相信有東西能超越軀體存活下來，神話總是以想像形式表達人類對死亡的恐懼、幻想與期望。宗教一直嘗試說服我們絕對有來世，教育我們在活著的時候嚴守特定教義，就能保證死後得到有利的條件。神話提供我們的是不同的東西：隱喻和意象並不保證任何事，但以某種方式傳達死亡的意義與價值，讓死亡成為生命的一部分，同時也是更大的宇宙循環當中必要的一個章節。以下三則神話故事談的都是死亡這個主題。雖然沒有提供答案，卻都提醒我們死亡的深刻矛盾。它結合了人生短暫的本質，以及我們所屬的更大生命永恆不滅的性質。

茂伊與死亡女神：因為，人生是條單行道

這則來自紐西蘭毛利人的故事告訴我們，無論我們有多聰明、多勇敢，任何人都無法避開必然到來的死亡。其實，茂伊（Maui）的故事指出，我們愈是努力嘗試擺脫或否定自己終有一死，就愈接近我們一手打造的必然結局。茂伊就像許多神話英雄，傲慢自負，拒絕接受自己的凡人限制。可惜一如既往，最終獲勝的是大自然。

一天傍晚，偉大的英雄茂伊看起來非比尋常地愁悶沮喪。他父親見他如此消沉很是驚訝，問他發生了什麼事。

茂伊回答說：「爸，為什麼當我們坐在這裡閒聊時，人類卻正踏上通往死亡的陰沉道路呢？」

「唉，兒子啊，所有人都注定會死，」他父親說：「每個人遲早都會像成熟的果子從樹頭墜落，被偉大的暗夜之母女神希妮努提波（Hinenuitepo）拾起。」

茂伊不耐煩地站起來，開始來回踱步。「但是非得永遠如此不可嗎？」他說：「如果

死亡死了，我們人類是不是就能永生不朽呢？」

他父親眉頭緊鎖。「兒子啊，聽我說。那樣的想法太危險，沒有人能征服死亡。」

「爸，你說的是普通人。如果換作是我，結果會是如何呢？」

他父親深深嘆了口氣，語氣滿是悲傷。「我心愛的茂伊啊，你就像任何普通人，早晚必定會死。」

「我可不是普通人。我媽曾預言我會長生不死。再說，哪個凡人能做到我完成的功績。我不是取得了火、控制了太陽，還從海中釣起陸地嗎？死亡於我，不就是另一個可以智取的敵手嗎？」

他父親的語調變得尖厲。「你現在可不是住在上界，而是下界，你的機靈狡猾可能幫不了你。你母親確實預言你會長生不死。可是當我為你施洗時，我的腦子一片空白，結果我漏掉了一段咒語。茂伊，因為這個疏忽，我讓預言失效了。這就是我為何知道你必定會像其他人一樣，死於女神希妮努提波之手。她很可怕，超過你能想像，雙眼發出閃光，海藻般的頭髮，跟黑曜岩一樣鋒利的牙齒，嘴邊還掛著梭魚的獰笑。從各方面來看，她都像怪獸般駭人，只有她的身體例外，就像個老婦人。」

一個計畫已在茂伊的心中生了根，他父親知道他正在謀畫著詭計。他也知道勸阻是無用的，因此他已在心中為茂伊哀悼。「再會了，代表我老年力量的小兒子，」他說：「你真的注定會死。」

茂伊根本沒注意父親的反應。他前往樹林，想把他的陰謀說給親密的同伴聽，住在樹林間的數百隻扇尾鶲。他告訴這些鳥兒他的計畫，以及牠們必須扮演的角色，接著茂伊與鳥群滿懷信心，穿過森林出發了。當他們愈來愈靠近睡著的死亡女神時，鳥群興奮的啁啾聲漸漸消失，最後連翅膀鼓動的聲音都幾乎聽不見。當茂伊經過表面長滿地衣的彎曲樹木時，空氣變得冷颼颼又沉重；這些樹木環繞著女神躺臥的林中空地生長。茂伊看見她在她家門口睡著的模樣正如他父親描述的，嚇得渾身發抖。她可怕的眼睛閉著，下顎因睡著放鬆而下垂，滿口利牙在駭人的咧嘴笑中全都露。當她用力呼氣，一陣刺骨的通風氣流掃過整片空地。

茂伊舉手示意鳥群停下來，低聲說：「我的小朋友，偉大的暗夜之母女神希妮努提波就躺在那兒睡覺。記住我的話，因為我的生命在你們手中。我會鑽進她的身體裡，不過在我穿過她的身體，從她嘴巴鑽出來之前，你們千萬要忍住別笑。如果非笑不可，到那時你們就可以笑。但是如果你們提早發笑，我就會送命。」

此時，這些小鳥非常害怕，求他放棄這個計畫，因為眼下它看起來非常瘋狂。可是茂伊對牠們的恐懼嗤之以鼻，只提醒牠們千萬不要太快笑出聲。接著茂伊走近女神。他迅速脫下所有衣物，直到赤身露體，從她眼皮底下漏出的光照得他的肌膚閃閃發亮。接著，他露出嘲弄的微笑，彎腰弓背，頭先腳後，迅速鑽進她的身體裡。他的肩膀和胸膛很快就消失了。鳥兒對茂伊敏捷的身手大為驚奇。有些鳥兒不敢直視，而是從自己的羽毛間偷看。其他鳥兒強忍住快讓牠們受不了的發笑衝動。竊笑的聲音開始逐漸增多，女神被吵醒了。鳥群向後退縮，屏住呼吸。女神再度沉入夢鄉，鳥群又回來觀看茂伊的進展，目前他正將自己的頭擠進女神的喉嚨。鳥兒無聲地笑到發抖，想到茂伊勝利在望，牠們拚命控制自己。接著茂伊以肩膀用力向上一推，讓他的臉突然出現在女神的嘴裡。

這實在遠遠超過這些扇尾鶲能忍受的範圍。牠們爆出尖銳的笑聲。女神立刻醒來，明白發生了什麼事。她用大腿夾住茂伊，把他的身體切成兩段。茂伊想戰勝死亡的企圖在笑聲與恥辱中戛然而止。因為他嘗試失敗，凡間男女得繼續踏上幽暗道路，向希妮努提波報到。

故事告訴我們的事

茂伊的悲喜劇結局提醒我們，企圖戰勝死亡徒勞無益。類似這則神話的原型故事表明，世界每個角落的人都一樣，普遍害怕死亡，也普遍期望能以某種方式，或許是勇敢、奸巧、善良或威嚴，戰勝死亡。而且無論失敗過多少次，我們仍堅信終有一天會找到永生不朽的祕密。一聽說有能治百病的神奇新藥問世，我們會滿懷希望趕著去找醫師；我們用超低溫保存人類軀體，期望多年後能復活；我們嘗試各種飲食法與維他命、不同運動和養生法；我們尋求靈性治療師與神奇療法，希望我們的身體能擺脫歲月的摧殘。畢竟，我們和茂伊並沒有什麼不同。

但也許這個故事可以告訴我們，把日子過好過充實，體驗無論物質條件高低，每個人每天所擁有的豐富生活，遠比耗費這麼多時間與精力嘗試戰勝死亡更有成效。況且在許多方面，害怕死亡等同於害怕生命，因為如果我們無法徹底活在當下，也不願接受我們終有一死，我們就不是真正活著。那麼我們就真正有理由害怕生命的結束，因為我們知道自己白白浪費了被賜予的生命禮物。

茂伊企圖戰勝暗夜之母的怪異方式其實代表了回到子宮，因為茂伊進入她身體的通道，跟他誕生時離開母親身體的途徑是一樣的。在古老的毛利神話中，誕生與死亡的神祕方程式呼應了最近方才形成的現代心理學思維：我們誕生時出現的永恆地點與死後尋求的不朽，在人類想像中是相同的。不朽的渴望也是重返子宮的渴望。儘管茂伊希望透過他的行動能成就不朽，但他其實是暗地裡尋求死亡。不朽是個靜止的地方，那裡沒有變化，也沒有成長。它就像原本的伊甸園，當時亞當與夏娃天真無邪，蒙昧無知，就像出生前在羊水裡的生活。有許多人希望生活就是這個樣子——靜止不變，沒有衝突，永遠相同。這是一種毫無生氣的生活。茂伊渴望永生不死其實代表他拒絕像個獨立的人去過日子。因此，他的死亡是不可避免的，因為在他內心深處，死亡才是他真正想要的東西。雖然他在神話中的許多英勇事蹟把他描繪成偉大的英雄和帶來文化的人，但是他的個性卻出奇接近任何時代與文化中那些很普通的常人，這些人一直相信如果能找到讓他們永生不死的神奇妙方，目前無法實現的子宮般幸福未來將會伸手可及。

茂伊的母親預言他能得永生。然而他父親犯了個人為錯誤——他忘了能確保他兒子長生不死的咒語。茂伊的父親承認自己的失誤，這麼做證實了他有人性。但是茂伊不然。他的傲慢，也就是希臘人所謂的「hubris」（傲慢自大），促使他嘗試不可能的事。然後與往常一樣，那樣的傲慢迅速被眾神糾正。

從許多方面來看，最後證明鳥群是正確的。因為牠們明白人類拚命追求不朽的荒謬，而且牠們能聽見當我們企圖成為我們不是的那種人時，迴盪在天界穹頂的宇宙笑聲。

厄爾的冥界見聞：命是成長，死亡是它開的花

柏拉圖在《理想國》（*The Republic*）中述說了厄爾（Er）的故事。它對死亡與來世提出一種豐富且複雜的看法，並針對我們用某些過度簡化的方式看待這類最艱深的人生奧祕提出重要的問題。無論童年時大人怎麼教我們，無論成年後我們相信死後有什麼等著我們，厄爾的故事告訴我們，宇宙是個完整的東西，而我們是更大整體的一部分，這個更大整體會依照有序和諧的法則運行。在這個龐大有序的系統中，死亡只是更大整體的連續體的一個階段。

厄爾是個勇敢的戰士，在戰鬥中陣亡。大家以為他死了，便把他放在火葬堆上。他的軀體放在那裡整整十二天，卻不可思議地毫未腐爛。到了第十二天，厄爾醒來，讓他的朋友大吃一驚，他告訴大家自己到冥界一遊的故事。

他的靈魂離開身體後，在一處陌生但美妙的鄉間加入一群其他靈魂，那兒有兩道裂縫深入地底，還有兩條走道上通天空。中間坐著判官，對每個人做出宣判。義人的靈魂按照吩咐，各帶著一份概述其善行的紙捲，循著其中一條向上的通道上天。其他人則帶著載有

其為惡的紀錄，沿著其中一條下行的通道下地。然而輪到厄爾時，判官裁定他應該帶著在冥界的所見所聞重返人間。

他看見新來的亡者如何走上各自不同的道路，有的上天，有的下地。另外則有灰頭土臉的鬼魂從另一條下地甬道自地底深處上來，與那些光鮮潔淨、從另一條上天甬道走下來的靈魂會合。他們在平原上四處走動、互相交談，遇到生前認識的人便熱切地交換近況。義人滿心歡喜，而惡人則淚汪汪地哀嘆自己已經忍受了一千年。厄爾這才明白，凡是在世所做的每一件事，死後都會十倍奉還——為惡者會受到嚴厲懲罰，行善者則得到豐厚回報。

注定要返回人間過另一世的那些靈魂會在此地待上一段時間，接著動身前往一根像彩虹般鮮豔奪目，但更明亮脫俗的光柱所在地。厄爾隨後得知這根光柱是貫穿天地的軸線，正中央懸掛的是女神必然（Necessity）的堅硬紡錘，她把紡錘放在膝蓋上轉動，使八種不同顏色的環圈不停旋轉。這些環圈就是太陽、月亮、行星與恆星運行的軌道。隨著每個環圈轉動，就會有個賽倫女妖（Siren）反覆吟唱一個單音，所以八種歌聲和諧相混，形成天體音樂（Music of the Spheres）。女神必然的三個女兒繞著她的寶座落坐。這三姊妹就是命運三女神——雷克席絲（Lachesis）、柯蘿芍（Clotho）和雅綽波絲（Atropos）。她們的聲音與賽倫女妖節拍一致。雷克席絲、柯蘿芍和雅綽波絲唱的分別是過去、現在與未來。偶爾，她們三人全都會觸碰那紡錘，使它保持轉動。

厄爾看到眾靈魂來到雷克席絲面前，她的膝蓋上有許多籤，等著讓每個靈魂抽選。接著有個傳令官向所有人發表聲明。他大聲說道：「眾遊魂聽好，你們即將進入一具新的凡人軀體。每個人都可以依序選擇自己的命運，可是一旦選了就不可改變。美德沒有固定主人，它會攀附在實踐它的人身上，逃離蔑視它的人。選擇什麼命運，責任自負，不要怪眾神。」

這些靈魂首先抽籤決定選擇的先後次序，只有厄爾被排除在外，因為他奉命在旁觀看。傳令官像變魔術般將所有人類生活情況的影像展現在眾人面前——暴虐專橫、行乞、有名望、美貌、富裕、貧窮、健康與生病。除了男人與女人的生命外，也有動物的生命。傳令官，這位命運三女神的侍從，這時候力勸眾靈魂不要貿然做選擇。

可是隊伍中排第一的靈魂急切地選擇了承諾巨大財富與權力的生活。可是等他把這張籤看得更仔細後，才發現在他注定要犯下的眾多滔天大罪中，竟包括了吞食自己的子女，他因此痛苦得放聲大喊，指責命運、眾神，以及除了自己蠢到做了這個選擇之外的一切。這個靈魂來自極西樂土（Elysium），前世曾活在一個井然有序的國家，他的美德出於習慣和集體期待，而不是內在智慧。確實，許多來自極西樂土的靈魂做了錯誤的選擇，雖然根據普遍的定義是「善」，但他們的生命欠缺惡的經驗。另一方面，從地底世界出來的那些人往往自己受過苦，也見過別人受苦，因而更加真誠善良、慈悲為懷。所以結果大多數靈魂用好運換壞運，或是壞運換好運。

看見這些靈魂如何做選擇讓厄爾滿是同情又忍俊不禁，顯然他們是受到前世生活某些往事的指引。他看見奧斐斯（見二八二頁）選擇當天鵝，彷彿憎恨將他撕成碎片的那些女人，而不願由女人生下他。阿加曼農（見七十七頁）也一樣，他選擇了老鷹的生活，因為他前世的命運讓他討厭再當人。如此這般持續進行，最後一個是詭計多端的奧德修斯。過去的種種厄運讓他的靈魂厭倦了冒險，他在裡裡外外每個角落仔細搜索，找到一個安靜簡單的生活，是其他靈魂全都不屑一顧的。他宣稱就算自己是第一個做選擇，也找不到比這更好的了。

等所有的靈魂都做了選擇，便依序通過雷克席絲面前，她給每個靈魂一名守護精靈。精靈會陪伴他或她度過一生，並落實該靈魂選擇的命運。這名精靈會引導靈魂去見柯蘿芍，轉動紡錘，確認他們的選擇。每個靈魂都必須碰觸紡錘，接著會被帶到雅綽波絲那裡，這位女神會用手指將柯蘿芍紡成的細紗扭擰成牢不可破的線。最後，每個靈魂與其守護精靈會一同向女神必然的寶座鞠躬致意。然後他們會穿過忘川平原，在健忘河畔過夜，這條河的河水無法用容器帶著走。每個靈魂都必須飲用忘川水，幾乎所有人都魯莽地喝得太多，因而完全忘卻過去曾發生的事。接著他們沉沉入睡。但是將近午夜的時候，雷聲與地震的喧鬧使眾靈魂驚醒，四散奔走，如流星般各自在不同地點投胎重生。

至於厄爾，他沒有被吩咐要喝忘川水，卻也說不上來自己的靈魂是怎麼回到身體中。突然間，他睜開眼，發現自己還活著，四仰八叉地躺在火葬堆上。

故事告訴我們的事

學者通常認為柏拉圖筆下的厄爾故事是一種智識建構，旨在傳達柏拉圖特定的見解。然而，浩瀚有序的宇宙這個意象——天上是什麼模樣就會反映在地上是什麼模樣，而且每個人的行為都帶有前情與後果——絕不是柏拉圖建構的。這是一種古老的宇宙觀，帶有真正的神話性質。它的精髓是，每個人類靈魂身為更大整體的一部分，必須為自己的命運負起責任，我們不能發現自己處於不利的境遇就責怪情勢或上帝。儘管我們可能像故事中的靈魂喝下太多忘川水，以至於忘記我們走過的歷史，當前必然如此的根源可能確實就在過去，無論是在前一世，或在我們出身的祖先與家族精神中。全球至少有半數人口相信輪迴，雖然猶太教與基督教共有的西方世界通常認定這是「神祕」東方獨有的權利。可是柏拉圖是希臘人，他提出的神話故事深植於西方精神中，在現代重新浮現，將個人責任與選擇帶回生活的中心。

厄爾的故事向我們展示死亡是生命的序幕，而生命也是死亡的前奏。生命與死亡以此方式分屬一個循環故事的不同章節，每一回轉變都受到井然有序的宇宙模式所管控。因此，死亡是個標示人生重要階段的生命儀式，唯有在故事的某個章節即將結束這層意義上，死亡是個結局。既然惡人在地底世界受苦且好人在天上享福，表示這故事具有定義明確的道德觀。不過，兩者都不會永遠待在那裡，甚至即將降臨在新近死亡者身上的獎懲在意義上也似是而非。我們透過自己犯錯所產生的苦頭積累智慧，但我們犯錯正因為我們不理解受苦的意義。善良的人可能會引起邪惡，因為他們對惡一無所知。相對地，惡人可能因為自己行為帶來的後果而發生徹底改變。對那些接受輪迴哲學的人來說，這些深刻的真理可以被理解為與我們如何活在當下有關，因為我們正從現在與過去創造未來。但是也可以將它們理解成與單一回生命有關，那也是個循環的過程，帶有數個有始有終的章節。在單一回生命的進程中，我們可能會引發痛苦且讓自己受苦，從中學到智慧並做出正確的選擇，或自稱善良卻做出錯的選擇，因為這種善良是膚淺的。

厄爾的故事提出的問題多過它回答的，我們永遠無法確知這故事是打哪來的，也不清楚柏拉圖為何要將它納入自己的作品中。但是這個宏偉的想像——一個由必然治理的宇宙且反映在行星的有序模式中——向我們展現對死亡的一種非常重要的見解。如果我們活著卻不理解自己與他人有什麼關聯，也不明白每個行為會帶來什麼後果，那麼我們確實有理由害怕死亡，因為某些很嚴重的懲罰將會降臨在我們身上，或是因為我們必須走入黑暗，而我們知道活著的時候自己未曾做過任何事去消除我們周圍世界的黑暗。除了向我們展示一種截然不同且複雜的死亡見解外，厄爾的故事其實是個探討如何過日子的神話。

因陀羅與螞蟻：無休止的生命大戲

因陀羅（Indra）與螞蟻遊行的印度教故事是對生命連續性最微妙但最深刻的神話表現。它提供我們一張宏偉的宇宙圖像，說明所有事物的興衰起伏，但不是企圖減少生命的苦難，或承諾我們死後可得到獎勵。這是對永恆與時間真正本質的一種見解。在這故事中，一段冗長但很有價值的反思是，就連眾神之王也自感慚愧，並理解到自己在這無休止的生命大戲中應當扮演什麼角色。

眾天神的領袖因陀羅擊斃將天界所有水源圈禁在其肚腹的巨龍[3]。這位天神將自己的雷電猛地扔進那一圈又一圈不優雅的盤旋中，使那怪物像一堆乾枯的燈心草般被炸得粉碎。水源也隨之潰決，自由地流過大地，再次在世界的身體裡流通。這場洪水是生命的洪流，屬於所有人。它是原野與森林的體液，血管中奔流的血液。那怪物過去竊占了共同的利益，但如今它被殺，水源又再度湧流。眾天神回到地面的中央山峰峰頂，從高處統治眾人。

因陀羅的第一個行動是重建眾神居住的城池，它們在巨龍稱霸時龜裂瓦解。天界眾神都說因陀羅是他們的救星。他對自己的勝利、對自己力量的認識感到得意洋洋，召來藝術神暨工匠神毘首羯摩天（Vishvakarman），命他建造一座能與自己無雙的卓越功績相稱的宮殿。

毘首羯摩天建造了一座華麗的宅第，裡頭有宮殿、庭園、湖泊和塔樓。但隨著工程進行，因陀羅的要求愈來愈嚴厲，願望也益發龐大。他要求增加更多涼亭、池塘、樹林與遊樂場地。這位天界工匠最後不知如何是好，只得向上求援。他找上偉大的創造神梵天（Brahma），他的身分遠遠超過了因陀羅的野心、衝突和榮耀的層次。

聆聽工匠神的投訴後，梵天對他說：「放心回家吧。你的壓力很快就會解除。」接著梵天去見至高無上的天神毘濕奴（Vishnu），梵天只是他的代理人。梵天求毗濕奴讓毘首羯摩天的請求被實現。

翌日清晨，一個男孩拿著一根朝聖者的枴杖，出現在因陀羅住處的大門。男孩只有十歲，卻渾身煥發著智慧的光芒。眾神之王向這聖童躬身行禮，後者愉快地祝福他。然後眾

3 譯注：指弗栗多（Vritra）。

神之王說，「噢，可敬的男孩，告訴我你為何而來？」

這美麗的男孩回答，「噢，眾神之王，我聽說你正在建造宏偉的宮殿，所以想來問你一些問題。它大概要花幾年才能完工？工匠神毘首羯摩天還會被要求更進一步展現哪些工程技術？噢，眾神之王，在你之前的因陀羅沒有一個成功完成你打算建造的這樣一座宮殿。」

因陀羅對男孩自稱知道前幾代因陀羅的說法感到很好笑。「孩子，告訴我！」他說。「你曾見過或聽說過很多位因陀羅嗎？」

男孩點了點頭。「沒錯，我確實見過好幾位。」這話讓因陀羅的血管感受到緩滿的涼意。「我認識你父親，」男孩繼續說，「老龜仙人[4]，地上所有生物的鼻祖。我也認識你祖父，天上來的光線[5]，梵天的兒子。我認識梵天，毘濕奴帶他來的，還認識至高無上的天神毘濕奴本人。噢，眾神之王，我知道宇宙劇烈的瓦解。我見過萬事萬物在每個循環的最後毀壞死亡，一次又一次。在那個可怕的時候，每一個原子都會消失在永恆的純淨水域中，也就是一切最初出現的地方。誰能清點已經消逝的宇宙，或是從水域的無形深淵中重新復活的創造物？誰會數算世界的過去歲月？誰會搜遍遼闊無垠的空間，一個挨一個地查點宇宙，而每個宇宙都有自己的梵天和毘濕奴？誰會按照登基順序，然後是死亡順序，一個接一個點名那裡頭的因陀羅呢？」

當男孩說話時，一隊螞蟻出現在大廳裡。牠們列陣橫越地板。男孩注意到牠們，笑了起來。接著，他陷入沉思。

「你笑什麼？」因陀羅口乾舌燥，這位驕傲的國王結結巴巴地問道。「你到底是誰？」

男孩說：「我笑，是因為螞蟻。但是我不能告訴你原因，因為那是祕密，埋藏在經年累月的智慧中，就連聖人也沒有被告知。」

「噢，孩子，」因陀羅用明顯謙遜的全新態度懇求道。「我不知道你是誰。請告訴我這個恆久的祕密，這光明能驅散黑暗。」

「我看見這些螞蟻，」男孩回答說：「排成長長的縱隊。每一隻螞蟻都曾是因陀羅。跟你一樣，每一隻都曾登上眾神之王的地位。但現在，透過許多次輪迴，每一隻都再次變成螞蟻。虔誠與高尚的行為能將生命高舉至天宮的輝煌境界。但是邪惡的作為會讓他們沉入下界，處於痛苦和懊悔中。人應該得到幸福或極度痛苦，成為主人或奴隸，取決於他的

4 譯注：指迦葉波（Kashyapa）。
5 譯注：指摩哩質（Marichi）。

所作所為。這就是祕密的全部內容。生命在數不盡的輪迴循環中就像夢中的幻相。在這幻想中，天神、樹木和石頭都是類似的幻影。但是死亡掌管時間法則，是一切的主人。夢中生命的善惡如泡沫易滅。因此，智者不依戀惡或善。智者根本不依戀任何事物。」

男孩結束了這駭人聽聞的一課，靜靜地注視他的東道主。這位眾神之王已經把自己偉大的名聲看成無足輕重。接著，另一個意外出現的人物走進因陀羅的大廳。這個新來的人是個隱士，蓬頭垢面，衣衫襤褸。這名老者的胸膛長著一圈奇怪的毛髮。他蹲坐在因陀羅與男孩中間的地板上，像塊岩石般靜止不動。接著男孩請教這名隱士的大名與來意，還有他胸膛的那圈毛髮有何意義。

這位長者笑了起來。「我是個婆羅門，名叫多毛，我來這裡看因陀羅。因為我知道自己短命，所以我沒有家、沒蓋房子、沒結婚，也不追求財富。我靠乞食雲遊四方。我胸膛的這圈毛髮傳授智慧。凡是某個因陀羅過世，就會掉一根毛髮。這就是為什麼正中央的所有毛髮全都掉光了。等現任的因陀羅逝世，我自己也會死。因此，娶妻生子蓋房有什麼用處呢？偉大的至高天神毘濕奴一眨眼，表示有個梵天過世了。其餘的一切如浮雲，成形後又消散。每個喜悅，就算是天上的，都像夢那樣脆弱。我不渴望體驗各種至福形式的救贖。我不渴望任何東西，只專注獻身於思索至高天神毘濕奴無與倫比的蓮足。」

話才說完，這個聖人突然消失了，同時，男孩也消失了。眾神之王獨自一人，困惑又驚愕。他細細思量，想知道這是不是一場夢。但是他已經不想再擴大自己的天界輝煌。他召來毘首羯摩天，賜給他許多禮物，然後送這位工匠神回家。

如今因陀羅想要救贖。他早已獲得智慧，而今只希望能從痛苦中得到解脫。他決定將自己的職位重擔交給兒子，退隱至曠野過隱居生活。可是他美麗的王后悲痛萬分。她哀求國王的精神導師，法術智慧主，歲星（Brihaspati）讓她丈夫的心思從那堅定的決心轉移至他處。足智多謀的歲星跟因陀羅談精神生活的好處，但是他也談到世俗生活的優點，公道地對待兩者。因陀羅的態度緩和了下來，而王后也重拾歡笑。因陀羅以此方式實現了他在這轉瞬即逝的宇宙參與創造的事，不再對螞蟻的行進隊伍，或在他之前與之後會一次又一次出現、直到永遠的因陀羅感到恐懼或憤怒。

故事告訴我們的事

因陀羅與螞蟻行進隊伍的故事幾乎無須多闡述。它不言而喻，提醒我們，窮盡我們渺小的人類努力去理解宇宙的意義，拚盡全力去贏得這世間的一席重要位置，在生命本身的偉大奧祕面前無足輕重。你不需要信奉印度教，也能掌握這則故事的教訓：智慧與滿足來自過著平衡的生活，留意身心健康，安於現狀。偉大或渺小、人類或螞蟻、神或人，生命的每個火花都是龐大生命體的一部分，其意圖和運作都是有序的，只是超過我們所能理解。因為我們是人，我們必須努力奮鬥，而且也許像因陀羅建造宮殿，或像浮士德追求知識，或像柏拉圖故事中的高貴靈魂實現人性。但是當我們實現每個人獨一無二的個人命運時，理性看待事情是個好主意。別忘了螞蟻的行進。

參考書目與延伸閱讀

The Acts of King Arthur and his Noble Knights, John Steinbeck. New York: Noonday Press, 1993. London: Heinemann Ltd, 1979.

Celtic Myth and Legend, Charles Squire. Van Nuys, CA:Newcastle Publishing Co., 1987.

Classical Mythology, A. R. Hope Moncireff. London: Studio Editions Ltd, 1994.

Gods and Heroes, Gustav Schwab. New York: Pantheon Books, 1977. London: Random House, 1977.

The Greek Myths, Robert Graves. New York: Penguin, 1993. London: Penguin, 1977.

The Illustrated Encyclopedia of Myths and Legends, Arthur Cotterell. New York: Macmillan, 1996. London: Macmillan, 1996.

King Arthur amd the Grail, Richard Cavendish. London: Weidenfeld and Nicolson, 1978.

Larousse World Mythology, Pierre Grimal (ed.). London: Hamlyn, 1989.

Maori Legends, Alistair Campbell. Paraparaumu, New Zealand: Viking Sevenseas Ltd, 1969.

Myths and Symbols in Indian Art and Civilization, Heinrich Zimmer. Princeton, NJ: Princeton University Press, 1992.

Myths of Babylonia and Assyria, Donald A. McKenzie. London: Gresham Publishing Co.,1933.

The Niebelungenlied. New York:The Heritage Press,1961.London:Penguin, 1965

The Norse Myths, Kevin Crossley-Holland. New York: Random House, 1981. London: Penguin, 1980.

The Prophet, Kahlil Gibran. New York: Random House, 1996. London: Heinemann Ltd, 1973.

Sources of the Grail, John Matthews (ed.) Hudson, NY: Lindisfarne Books, 1977. Edinburgh: Floris Books, 1996.

國家圖書館出版品預行編目資料

那些神話教會我的人生：從眾神、英雄的故事思索生命難題的意義與解答／麗茲．格林（Liz Greene），茱麗葉．沙曼–伯克（Juliet Sharman-Burke）著；陳筱宛譯. -- 二版. -- 臺北市；商周出版；城邦文化事業股份有限公司出版；英屬蓋曼群島商家庭傳媒股份有限公司城邦分公司發行. 民 112.07　面；　公分.
譯自：The Mythic Journey：The Meaning of Myth as a Guide for Life
ISBN 978-626-318-763-4（平裝）
1.生活指導　2.神話
177.2　　112009898

那些神話教會我的人生：從眾神、英雄的故事思索生命難題的意義與解答

原著書名／The Mythic Journey：The Meaning of Myth as a Guide for Life
作　　者／麗茲．格林（Liz Greene）、茱麗葉．沙曼–伯克（Juliet Sharman-Burke）
譯　　者／陳筱宛
企畫選書人／林宏濤
責任編輯／陳思帆、楊如玉

版　　權／林易萱、吳亭儀
行銷業務／周丹蘋、賴正祐
總 編 輯／楊如玉
總 經 理／彭之琬
事業群總經理／黃淑貞
發 行 人／何飛鵬
法律顧問／元禾法律事務所　王子文律師
出　　版／商周出版
台北市中山區民生東路二段 141 號 9 樓
電話：(02) 2500-7008　傳真：(02) 25007759
E-mail：bwp.service@cite.com.tw
發　　行／英屬蓋曼群島商家庭傳媒股份有限公司城邦分公司
聯絡地址：台北市中山區民生東路二段 141 號 11 樓
書虫客服服務專線：(02) 25007718．(02) 25007719
24小時傳眞服務：(02) 25001990．(02) 25001991
服務時間：週一至週五09:30-12:00．13:30-17:00
郵撥帳號：19863813　戶名：書虫股份有限公司
讀者服務信箱 Email：service@readingclub.com.tw
城邦讀書花園網址：www.cite.com.tw
香港發行所／城邦（香港）出版集團有限公司
地址：香港灣仔駱克道 193 號東超商業中心 1 樓
E-mail：hkcite@biznetvigator.com
電話：(852)25086231　傳眞：(852) 25789337
馬新發行所／城邦（馬新）出版集團【Cité(M)Sdn. Bhd.】
41, Jalan Radin Anum, Bandar Baru Sri Petaling,
57000 Kuala Lumpur, Malaysia.
電話：(603) 90578822　傳眞：(603) 90576622

封面設計／李東記
版型設計／鍾瑩芳
排　　版／游淑萍
印　　刷／高典印刷有限公司
經 銷 商／聯合發行股份有限公司
電話：(02) 2917-8022　傳眞：(02) 2911-0053

■ 2017 年（民 106）9月初版　　Printed in Taiwan
■ 2023 年（民 112）7月二版

定價／400元

ISBN　978-626-318-763-4

城邦讀書花園
www.cite.com.tw

商周出版

廣告回函	
北區郵政管理登記證	
台北廣字第000791號	
郵資已付，免貼郵票	

104台北市民生東路二段 141 號 11 樓

英屬蓋曼群島商家庭傳媒股份有限公司　城邦分公司

請沿虛線對摺，謝謝！

商周出版

書號：BK5125X　**書名**：那些神話教會我的人生　**編碼**：

請於此處用膠水黏貼

商周出版

讀者回函卡

線上版讀者回函卡

感謝您購買我們出版的書籍！請費心填寫此回函卡，我們將不定期寄上城邦集團最新的出版訊息。

姓名：＿＿＿＿＿＿＿＿＿＿ 性別：☐男 ☐女

生日：西元＿＿＿＿年＿＿＿＿月＿＿＿＿日

地址：＿＿＿＿＿＿＿＿＿＿

聯絡電話：＿＿＿＿＿＿＿＿ 傳真：＿＿＿＿＿＿＿＿

E-mail ：

學歷：☐ 1. 小學 ☐ 2. 國中 ☐ 3. 高中 ☐ 4. 大學 ☐ 5. 研究所以上

職業：☐ 1. 學生 ☐ 2. 軍公教 ☐ 3. 服務 ☐ 4. 金融 ☐ 5. 製造 ☐ 6. 資訊

☐ 7. 傳播 ☐ 8. 自由業 ☐ 9. 農漁牧 ☐ 10. 家管 ☐ 11. 退休

☐ 12. 其他＿＿＿＿＿＿＿＿

您從何種方式得知本書消息？

☐ 1. 書店 ☐ 2. 網路 ☐ 3. 報紙 ☐ 4. 雜誌 ☐ 5. 廣播 ☐ 6. 電視

☐ 7. 親友推薦 ☐ 8. 其他＿＿＿＿＿＿＿＿

您通常以何種方式購書？

☐ 1. 書店 ☐ 2. 網路 ☐ 3. 傳真訂購 ☐ 4. 郵局劃撥 ☐ 5. 其他＿＿＿＿

您喜歡閱讀那些類別的書籍？

☐ 1. 財經商業 ☐ 2. 自然科學 ☐ 3. 歷史 ☐ 4. 法律 ☐ 5. 文學

☐ 6. 休閒旅遊 ☐ 7. 小說 ☐ 8. 人物傳記 ☐ 9. 生活、勵志 ☐ 10. 其他

對我們的建議：＿＿＿＿＿＿＿＿＿＿

＿＿＿＿＿＿＿＿＿＿

＿＿＿＿＿＿＿＿＿＿

請於此處用膠水黏貼